JÓVENES

David González, Editor
Revista JÓVENS

Escritores para esta edición
David González
Eunice Vargas Contreras
Juan José Moreno
Lourdes Ramírez
Patricia Picavea
William Alvarado

Comité revisor
para esta edición
Eleazar Ramos
Eva Velázques
Germán Picavea
Gustavo Aguilar
José Manuel Martinez
Juan Ramón Campos
Larry Campos
Loyda Ruíz
Margit Sarmiento
Miltón Gay
Onan Santiago
Otoniel Rivera
Patricia Picavea
Ulises Solis

cnp

Casa Nazarena des Publicaciones
17001 Prairie Star Parkway
Lenexa KS 66220

CONTENIDO

I0087301

Intro

Ministrar a los jóvenes es un trabajo que requiere de mucha creatividad. A simple vista parecería que todos son tan parecidos, pero cuando nos acercamos a ellos con detenimiento, nos damos cuenta que son muy diferentes entre sí. Al ver esta gran diversidad, surge la pregunta clave: ¿Cómo desarrollar un discipulado juvenil efectivo?

No podemos hablar de una metodología única y mágica para todos los grupos de jóvenes, ya que cada grupo tiene características particulares. Pero sí podemos partir de la base de que como líderes de jóvenes tenemos un propósito en común: Presentar perfecto en Cristo Jesús a todo joven, atendiendo a sus diferencias individuales. Para lograr este cometido, necesitamos confrontar al joven con la Biblia de una manera dinámica e integral. Es precisamente aquí donde planteamos la siguiente premisa: Aun cuando hoy día la palabra de Dios es tan vigente y aplicable como hace 2000 años, la manera de presentarla debe adaptarse al contexto en el que vivimos.

En Jesús encontramos el modelo perfecto de enseñanza. Él usó muchas maneras creativas para compartir las verdades eternas. Las parábolas fueron una de sus herramientas preferidas. ¡Y qué podemos decir de aquella ocasión en que le pidió agua a una mujer samaritana! Esa petición fue la "excusa" perfecta para empezar una gran discusión teológica, que terminó saciando la sed espiritual de la mujer.

La revista que usted tiene en sus manos ha sido diseñada para ayudar al joven a crecer en su relación con Dios. También le mostrará lo que ha pasado y puede pasar en su vida, mientras lo cimienta en los fundamentos básicos de la fe cristiana.

No tenemos la intención de convertir el discipulado de jóvenes en un programa de juegos y dinámicas, ni tampoco de promover una técnica creativa como la solución mágica para el ministerio juvenil. Sin embargo, si nuestro deseo es que nuestros jóvenes tengan un encuentro personal y profundo con Cristo, debemos buscar todos los medios posibles para compartir lo que Dios ha puesto en nuestro corazón.

Este material es un esfuerzo genuino por proveerle una herramienta que le ayude en la difícil tarea de discipular jóvenes. Esperamos que sea de bendición para usted y su grupo de jóvenes.

¡Recuerde! No hay elemento más creativo que la misma palabra de Dios, porque es la única palabra que puede cambiar vidas.

David González

¡Cuidado! lease antes de usar

Antes de que empiece a trabajar con la primera lección, le invito a que lea con detenimiento esta sección.

En primer lugar, hemos elaborado esta revista considerando al joven como un ser integral. Queremos atender su vida espiritual, pero también nos interesa ayudarle en sus relaciones con otros jóvenes, con él mismo, con sus padres, con sus hermanos, con la creación, etc. Por esa razón trabajaremos con ocho grandes temas:

1. Dios
2. Prójimo
3. Yo
4. Familia
5. Iglesia
6. Sexualidad
7. Mayordomía
8. Mundo Actual

Esta revista está dirigida a los siguientes grupos de edades: adolescentes (12 a 15 años), jóvenes menores (16 a 18 años) y jóvenes mayores (19 años en adelante). El formato de trece lecciones permite que esta revista pueda ser utilizada por un período de tres meses, si se usa una lección por semana. Cada lección está dividida en dos secciones principales: Una dirigida al líder y la otra para cada grupo de edades con hojas de actividades para fotocopiar.

Dentro de las páginas dirigidas al líder encontraremos una subdivisión más: La primera es propiamente el "Desarrollo de la lección", y la segunda es "La lección para…" con sugerencias de cómo desarrollar la lección para cada grupo.

La experiencia de trabajar con grupos de jóvenes nos hace ver que cada grupo es especial y diferente a los demás. Nadie conoce mejor al grupo de jóvenes que quien trabaja con ellos. Sin embargo, en cada lección hemos incluido algunos "Recursos complementarios" para ayudarle también en el proceso de acercamiento al joven. Entre los recursos encontrará: Definición de términos, lista de materiales didácticos a utilizar, dramas, ilustraciones e información complementaria, entre otros.

La lección está organizada para que el tiempo de duración sea de 45 minutos a una hora. El desarrollo de la lección que sugerimos está dividido en tres etapas y es el siguiente:

Abriendo la Palabra

(Tiempo estimado: 10 minutos) Esta es la etapa inicial y tiene el fin de crear un ambiente propicio para la presentación del tema, procurando captar toda la atención de los jóvenes. En esta sección encontrará sugerencias para introducir el tema, por ejemplo: dinámicas grupales, juegos, presentación de videos, dramas, cantos, historias, entre otros. Cada lección cuenta con recursos dirigidos específicamente a cada grupo de edades. En algunos casos, según su criterio y conocimiento del grupo, podrá intercambiar los recursos sugeridos para cada grupo.

Profundizando en la Palabra

(Tiempo estimado: 40 minutos). El inicio de esta etapa es un buen momento para hacer la lectura Bíblica, la cual no deberá tomar más de 5 minutos. La lectura puede ser en voz alta o por medio de una dramatización, usando los textos claves del pasaje, asignando parte de las Escrituras a tantos jóvenes como personajes aparezcan en el texto. En algunos casos deberá prepararse durante la semana previa.

En esta etapa también deberá explicarse el contexto bíblico del pasaje de estudio. Es importante llevar a los alumnos hasta el lugar donde ocurrieron los hechos. Finalmente, deberá tratarse el asunto clave de la lección. Es importante guiar a los alumnos hacia el punto central de la enseñanza. No se debe perder de vista el principio bíblico a enseñar.

Para presentar cada uno de los puntos del "Desarrollo de la lección", se deberá utilizar diferentes métodos para hacer más dinámica la clase, por ejemplo: historias, anécdotas, dramas, cuestionarios, hojas de actividades, discusión dirigida, etc. En la sección de Recursos complementarios de cada lección encontrará material para ayudarle en este sentido.

Aplicando la Palabra

(Tiempo estimado: 10 minutos). Esta parte es básicamente lo que conocemos como conclusión. En esta parte tiene la oportunidad de trascender el salón de clase y hacer que la lección cobre vida en sus alumno. Use diferentes modalidades para resumir lo tratado y puntualizar el principio bíblico a enseñar. Ayude a los jóvenes a buscar la aplicación de este principio en su vida diaria, haciéndoles algunas preguntas, como por ejemplo: ¿Cómo aplico este principio bíblico a mi vida? ¿Cómo lo vivo en mi actividad cotidiana?

En esta sección le sugerimos trabajar con dos elementos importantes: La memorización del texto bíblico y la elaboración de un proyecto personal o grupal.

Es necesario confrontar al joven con la palabra de Dios, de tal manera que pueda verse en el espejo de Dios y reconocer que Él le está moldeando día con día. Pero, también será importante que proveamos oportunidades prácticas en las cuales el joven pueda crecer en su vida cristiana. En todas las lecciones se incluyen sugerencias como llenar una "hoja de compromiso", la planeación de alguna actividad grupal a realizar durante la semana, o una serie de pasos que cada joven desarrollará en su vida diaria.

Algunos aspectos adicionales a considerar…

A continuación le presentamos algunas sugerencias para hacer más efectivo el uso de este material:

1 Prepare la lección con suficiente tiempo. Busque con anticipación los materiales que necesitará para cada lección.

2 Busque un lugar tranquilo y lejos de todas las distracciones para preparar la lección.

3 Sea flexible y adapte la lección al tamaño del grupo. Esta revista no es un reglamento, y mucho del éxito depende de la habilidad que usted tenga para aplicarlo con su grupo de adolescentes o jóvenes.

4 Use al máximo su creatividad. Mientras lee cada lección, más de una idea le vendrá a la mente, no se detenga, ¡úsela!

5 Utilice este material de las maneras más diversas que pueda: En la reunión general de jóvenes, en la clase de Escuela Dominical, en grupos pequeños de discipulado, persona a persona, etc.

6 Finalmente, la más importante: Entréguele su ministerio a Dios y permita que Él le hable a usted primero. Dios no espera que usted sea el mejor de los maestros (sus alumnos tampoco); lo que si espera Dios de usted es que viva lo que enseña y se convierta en un verdadero discipulador.

Muchos de los jóvenes quizá nunca recuerden una clase en particular, pero lo que si quedará grabado en sus mentes y corazones es el ejemplo de quien les enseñó a amar a Dios con todo su ser. Oramos para que Dios bendiga su ministerio.

¿cómo usar?

¿Quién es Dios?

David González

→ DESARROLLO DE LA LECCIÓN

INTRODUCCIÓN:

Si saliéramos a las calles y preguntáramos a la gente si creen en Dios, es casi seguro que la mayoría contestaría, "sí". Sin embargo, creo que muchos tienen un concepto muy confuso de Dios. Algunos creen que Dios es un anciano, con una gran barba y sentado en una gran silla, que está listo para castigar a todos los que encuentren un poco de placer y felicidad. Además, hay muchas personas que creen en Dios a su manera, en otras palabras, "se hacen su propio Dios". Lo anterior nos hace preguntarnos, ¿quién es realmente Dios?

1. ¿EXISTE DIOS?

La manera más fácil de definir algo es hablar de sus características físicas. Cuando no podemos hacerlo, lo más común es decir que no existe. Sin embargo, hay muchas cosas que no se ven o no se pueden tocar, pero esto no quiere decir que no existan. Por ejemplo: el amor, la tristeza, la alegría, el bien, el mal, el dolor y muchas más. El principal problema que encontramos en la mayoría de las personas, es que quieren "ver" y "tocar" a Dios. Pero por más esfuerzos que hagan, no lo podrán hacer. La única manera de ver a Dios es por medio de la fe.

Quizá podríamos explicar esa reacción de la gente diciendo que la fe es un regalo de Dios. Pero esta expresión trae

serias dificultades si no añadimos inmediatamente que se trata de un don ofrecido a todas las personas, sin excepción alguna.

Es importante decir que el ser humano, a diferencia de los demás seres vivientes, tiene espíritu. Esto le otorga la posibilidad de tener comunión con Dios, porque Dios es espíritu (Juan 4:24). Dios no tiene forma física, ni es visible a simple vista, pero nuestro espíritu sabe que Dios está presente y es real. Esto lo podemos comprobar cuando vemos que a lo largo de la historia, muchos pueblos y culturas han buscado y adorado a "alguien superior". Pero hay que hacer la aclaración que Dios no es simplemente una fuerza superior como algunos dicen. Dios es más que eso. Es alguien que nos entiende, piensa en nosotros y desea ser nuestro amigo.

El salmo 19 nos habla categóricamente de la existencia de Dios. Los cielos, el día, la noche, las estrellas, las montañas, toda la creación, en su conjunto nos dice que existe un Creador maravilloso. Pero Dios no quiere que sólo sepamos que Él existe, lo que Él desea es que le conozcamos personalmente.

2. EVIDENCIAS DE LA EXISTENCIA DE DIOS

Es imposible comprender la existencia de Dios, dependiendo exclusivamente de la reflexión e investigación racional. Esto es porque en todas las ciencias humanas, el hombre se coloca por encima del objeto su investigación. Pero la realidad

PASAJE DE ESTUDIO: Salmo 19

VERSÍCULO PARA MEMORIZAR: "Los cielos cuentan la gloria de Dios y el firmamento anuncia la obra de sus manos" Salmo 19:1.

PRINCIPIO BÍBLICO: Jehová es el único y verdadero Dios, creador y sustentador de todo lo que existe.

PROPÓSITO: Que los jóvenes conozcan las evidencias de la existencia de Dios y le reconozcan como su creador y sustentador.

es que el hombre no está por encima sino por debajo de su Creador; el hombre puede conocer bien a Dios en la medida en que Dios se da a conocer. Y en este sentido, Dios mismo se ha revelado de tres maneras muy especiales:

a) Por medio de la creación, "obra de sus manos". El salmo 19:1-2 nos dice que: "Los cielos cuentan la gloria de Dios, y el firmamento anuncia la obra de sus manos. Un día emite palabra a otro día y una noche a otra declara sabiduría". Esta es una de las maneras en que el Creador se revela, con el mismo sentido sencillo y general con el que una vasija de barro revela la existencia del alfarero que la creó.

b) Por medio de la Palabra revelada. Creemos que la Biblia no contiene la palabra de Dios, ¡es la Palabra de Dios! Si sólo dijéramos que contiene la palabra de Dios, estaríamos diciendo que sólo parte de lo que está escrito en ella es palabra de Dios, y otra parte es palabra de hombre; El Dios en quien creemos nos habla, se expresa y se comunica. Su mensaje es expresado en las Sagradas Escrituras, y en ellas se revela a sí mismo como hacedor del hombre, como su principio y fin último, como su salvador, esperando de él una respuesta de la que depende el destino eterno de la persona.

c) Por medio de la Palabra encarnada: JESUCRISTO.

La epístola a los Hebreos comienza diciendo: "Dios, habiendo hablado muchas veces y de muchas maneras en otro tiempo a los padres por los profetas, en estos postreros días nos ha hablado por el Hijo". Sin duda, la mayor revelación de Dios es Jesucristo. Dios mismo haciéndose como nosotros para mostrarnos su amor y proveernos salvación. Cuando Juan afirmó: "El unigénito Hijo, que está en el seno del Padre, él le ha dado a conocer" (Juan 1:18), estaba declarando que el elemento central en las evidencias que prueban la existencia de Dios, reside finalmente en la persona de Jesucristo, su carácter y su obra. En Él reside la incuestionable evidencia de la existencia de Dios.

3. ENTONCES, ¿QUIÉN ES DIOS?

En 1ª de Timoteo 6:16 se describe a Dios como el único que tiene inmortalidad y habita en la luz inaccesible; a quien ninguno de los de los hombres ha visto ni puede ver. Por tanto, Dios sólo puede ser conocido a través de la revelación que Él hace de sí mismo.

Esta revelación de Dios le presenta como el Creador de todo el universo (incluidos nosotros) y quien está en control de éste. Por lo tanto, está por encima de nosotros y tiene el control final de todas las cosas. Pero Dios no quiere que sólo lo veamos como el Creador. Él está interesado en ser nuestro Salvador. Por esa razón, envió a su Hijo al mundo, el cual se dio a sí mismo para librarnos del pecado y darnos vida eterna.

RESUMEN

Es triste ver que muchas personas han hecho sus propios dioses, y aun ellas mismas han querido tomar el lugar de Dios. Creen tener el control de su vida, sin considerar que en realidad el único que está en control de todo es Dios. A pesar de esto, Dios es paciente y recibe a todos aquellos que le entregan el control inmediato de su vida y le reconocen como Dios y Salvador. Es maravilloso saber, que el Dios en quien creemos, no sólo ha creado todo lo que existe, sino que tiene un interés y atención especial por cada uno de nosotros.

RECURSOS COMPLEMENTARIOS

Historia: "Dios te está buscando"

"Se cuenta de un niño que lloraba en la esquina de una plaza pública, y al verlo llorar un hombre, se acercó a él y le preguntó por qué lloraba. El niño le contestó:

-Estoy perdido. Vine con mi papá al mercado, pero me distraje viendo tantas cosas, que lo perdí de vista.

Entonces, el hombre se agachó hacia el niño y tocando su pequeña cabeza, le dijo:

-¿Tu papá es un hombre vestido con un sombrero negro y una camisa azul?

-Sí, él es -respondió el niño.

-Entonces no llores más, estoy seguro que pronto lo encontrarás porque tu papá también te está buscando y está más cerca de lo que te imaginas -dijo el hombre".

Definición de términos:

Dios. Las primeras palabras de la Biblia son: "En el principio creó Dios". La doctrina bíblica principia con el entendimiento que Dios es el Creador. Las primeras páginas describen a Dios como el iniciador y la fuente de todas las cosas. Su actividad creativa no admite muchos otros acercamientos a la definición básica. Las Escrituras asumen en todas partes que Dios es una Persona que sabe, siente y actúa.

La doctrina bíblica, sin embargo, no refleja a un Dios que haya abandonado a su creación después de terminarla. Él es el sustentador y guía de todo el proceso, desde la creación hasta la consumación. Pablo describe: "Porque de Él, y por Él, y para Él, son todas las cosas" (Romanos 11:36). Diccionario Teológico BEACON pág. 213

La lección para...

Abriendo la Palabra

Para empezar, invite a los adolescentes a dibujar algo que no sea visible, por ejemplo: el dolor.

Después de cinco minutos, pídales que muestren sus dibujos y pregúnteles: ¿Por qué hicieron ese dibujo? Compartan sus respuestas, y ayúdeles a entender que hay muchas cosas que existen, aun cuando no sean visibles.

Haga la transición comentando que cuando hablamos de Dios, estamos hablando de alguien que aunque no podemos ver ni tocar, es real.

Profundizando en la Palabra

Antes de leer el pasaje de estudio, hable sobre el concepto que la gente tiene de Dios. Luego, pida que cada adolescente lea un versículo del pasaje de estudio.

Una vez que leyeron el pasaje, sobre las evidencias de la existencia de Dios.

Después de haber compartido las diferentes maneras en que Dios se da a conocer, reparta la hoja de actividades "Conociendo a Dios". Déles 10 minutos para que realicen esta actividad y compartan sus respuestas.

Luego comente lo siguiente: Con todos los pasajes leídos, cómo responderían a la pregunta ¿quién es Dios? Deje que los adolescentes compartan sus opiniones y ayúdeles a llegar a la respuesta que viene en el desarrollo de la lección.

Aplicando la Palabra

Este es el tiempo indicado para invitar a los adolescentes a memorizar el versículo uno del Salmo 19.

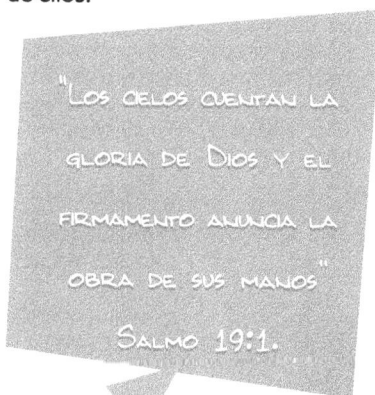

Luego puede utilizar la historia, "Dios te está buscando" que puede encontrar en los recursos complementarios de esta lección. Una vez que contó la historia, comente: Dios nos está buscando de muchas maneras, sin embargo, en ocasiones no las valoramos. El hecho de que tengamos un lugar donde vivir, una escuela donde estudiar, unos padres que nos aman y nos cuidan, son sólo algunas muestras del amor de Dios por nosotros.

Finalice con una oración en la que cada adolescente diga una cosa por la que da gracias a Dios. Concluya esta oración reconociendo que Dios es quien los creó y está al cuidado de ellos.

"Los cielos cuentan la gloria de Dios y el firmamento anuncia la obra de sus manos" Salmo 19:1.

RESPUESTAS

Hoja de Actividades "Conociendo a Dios"

¿Cómo es Dios?

Salmo 38:22	Salvador
Salmo 50:6	Justo
Salmo 103:8	Misericordioso
Juan 4:24	Espíritu
Hechos 17:24-25	Creador
Isaías 57:15	Eterno
Mateo 5:48	Perfecto
1ª Juan 4:16	Amor
Levítico 11:44	Santo
Jeremías 32:27	Omnipotente

Sopa de letras

La lección para...

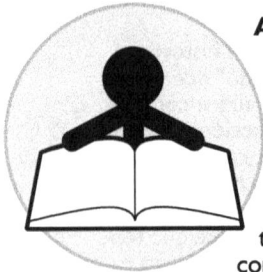

Abriendo la Palabra

Para empezar, forme dos grupos. Uno de los grupos representará el papel de ateos, y el otro grupo a cristianos que desean convencer a los ateos que Dios existe.

Pida a los dos grupos que preparen un argumento para defender su postura sobre la existencia o no existencia de Dios, según sea el caso.

Después de cinco minutos, el grupo de los jóvenes ateos presentará sus argumentos sobre la no existencia de Dios. Una vez que ellos hayan participado, tocará el turno a los jóvenes cristianos, quienes deberán refutar el argumento de los ateos y tratarán de convencerlos de que Dios existe. Dirija la discusión, sin llegar todavía a ninguna conclusión.

Profundizando en la Palabra

Lean el pasaje de estudio. Cada joven puede leer un versículo. De ser posible, consiga diferentes versiones de la Biblia. Esto ayudará a ampliar el entendimiento del pasaje.

Pregunte: De acuerdo a lo que leímos, ¿qué evidencias encontramos de la existencia de Dios? Pida a uno o dos jóvenes que compartan sus respuestas y posteriormente hable acerca de las diferentes maneras en que Dios se da a conocer.

En este momento puede repartir la hoja de actividades "Evidencias del Creador". Déles 10 minutos para que realicen esta actividad y compartan sus respuestas.

Ahora comente lo siguiente: Con todo lo que hemos hablado, cómo responderían a la pregunta ¿quién es Dios? Deje que compartan sus opiniones y para finalizar, ayúdeles a llegar a la respuesta que se encuentra en el desarrollo de la lección.

Aplicando la Palabra

Este es el tiempo indicado para invitar a los jóvenes a memorizar el primer versículo del Salmo 19.

Comente: Ya hemos visto muchas evidencias de la existencia de Dios. Y también de cómo es que Él le habla al ser humano. El mensaje que Dios tiene, es un mensaje de amor. Ahora, ¿qué pruebas podrías darnos de que Dios te ama y es real en tu vida? Puede escribir todas las respuestas en la pizarra.

Finalice con una oración dando gracias a Dios por su gran amor y expresándole el deseo porque Él tenga siempre el control de sus vidas.

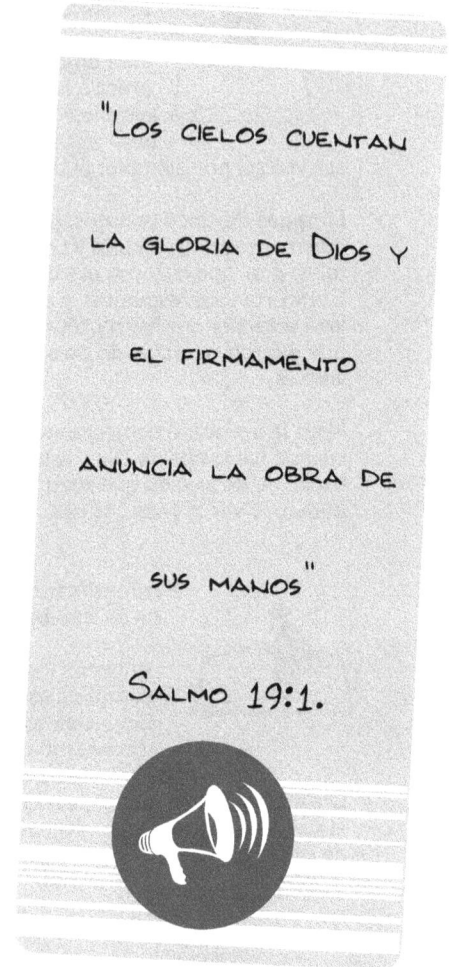

> "LOS CIELOS CUENTAN LA GLORIA DE DIOS Y EL FIRMAMENTO ANUNCIA LA OBRA DE SUS MANOS"
>
> SALMO 19:1.

RESPUESTAS

Hoja de Actividades
Evidencias del Creador

¿Cómo es Dios?

Salmo 38:22	Salvador
Salmo 50:6	Justo
Salmo 103:8	Misericordioso
Juan 4:24	Espíritu
Hechos 17:24-25	Creador
Isaías 57:15	Eterno
Mateo 5:48	Perfecto
1 Juan 4:16	Amor
Levítico 11:44	Santo
Jeremías 32:27	Omnipotente

La lección para...

Abriendo la Palabra

Inicie la sesión pidiendo a los jóvenes que respondan, con menos de cinco palabras, a la pregunta, ¿quién es Dios? Compartan las respuestas, sin llegar todavía a alguna conclusión.

Profundizando en la Palabra

Pida a los jóvenes que lean en silencio el pasaje de estudio. Una vez que todos lo leyeron, haga la siguiente pregunta: ¿Cómo le podrían demostrar a un ateo que Dios existe? Haga una lista en la pizarra con todas las respuestas que se den.

Después, hable acerca del por qué creemos en la existencia de Dios, y cuáles son las diferentes maneras en que Él se da a conocer al ser humano.

En este momento puede repartir la hoja de actividades "Evidencias del Creador". Déles 10 minutos para que realicen esta actividad y compartan sus respuestas.

Comente: Con todos los pasajes leídos, cómo responderían a la pregunta ¿quién es Dios? Deje que compartan sus opiniones y ayúdeles a llegar a la respuesta que se encuentra en el desarrollo de la lección.

Aplicando la Palabra

Comparta el resumen de la lección, e invite a los jóvenes a que contesten las siguientes preguntas: ¿Por qué creo en Dios?, ¿Qué puedo hacer para que otros crean en Él? Puede hacer dos columnas en la pizarra y anotar las respuestas a cada pregunta. Luego, memoricen el texto del Salmo 19:1.

Para finalizar, pida a dos voluntarios que hagan una oración, agradeciendo a Dios su gran amor y entregándole a Él el control de sus vidas.

"Los cielos cuentan la gloria de Dios y el firmamento anuncia la obra de sus manos"

Salmo 19:1.

RESPUESTAS

Hoja de Actividades "Evidencias del Creador"

¿Cómo es Dios?

Salmo 38:22	Salvador
Salmo 50:6	Justo
Salmo 103:8	Misericordioso
Juan 4:24	Espíritu
Hechos 17:24-25	Creador
Isaías 57:15	Eterno
Mateo 5:48	Perfecto
1ª Juan 4:16	Amor
Levítico 11:44	Santo
Jeremías 32:27	Omnipotente

Conociendo a Dios

¿Cómo es Dios?

Busca las siguientes citas en tu Biblia y encuentra las palabras que describen a Dios

Salmo 38:22   S _____
Salmo 50:6   J_____
Salmo 103:8   M_____
Juan 4:24   E_____
Hechos 17:24-25 C_____

Isaías 57:15   E_____
Mateo 5:48   P_____
1ª Juan 4:16   A_____
Levítico 11:44   S_____
Jeremías 32:27   O_____

Ahora, encuentra las mismas palabras en esta **sopa de letras**.

S	O	F	E	S	P	I	R	I	T	U	G	E
A	S	G	Q	W	Z	C	B	N	M	H	T	A
L	O	E	A	D	F	G	G	H	A	E	S	A
V	I	E	T	I	U	R	G	I	R	V	C	E
A	D	S	G	N	J	L	O	N	E	L	D	I
D	R	C	V	N	E	T	O	D	U	K	E	U
O	O	Q	R	N	P	T	V	F	A	J	R	Y
R	C	J	U	S	T	O	O	H	M	E	F	T
O	I	D	Q	A	X	W	V	P	C	A	R	J
T	R	A	E	M	O	F	D	E	I	S	S	C
N	E	E	R	O	T	Y	U	Z	A	N	E	L
A	S	P	E	R	F	E	C	T	O	A	M	H
S	I	Z	V	N	K	L	T	Y	E	X	V	O
J	M	F	G	H	T	Y	U	I	K	L	O	P

"LOS CIELOS CUENTAN

LA GLORIA DE DIOS

Y EL FIRMAMENTO

ANUNCIA LA OBRA

DE SUS MANOS"

SALMO 19:1

EVIDENCIAS DEL CREADOR

¿Cómo es Dios?

Busca las siguientes citas en tu Biblia y encuentra las palabras que describen a Dios

Salmo 38:22	S _____	Isaías 57:15	E _____
Salmo 50:6	J _____	Mateo 5:48	P _____
Salmo 103:8	M _____	1ª Juan 4:16	A _____
Juan 4:24	E _____	Levítico 11:44	S _____
Hechos 17:24-25	C _____	Jeremías 32:27	O _____

>>> Responde las siguientes preguntas <<<

1. ¿Quién o qué determina nuestro concepto de Dios?

_____
_____
_____
_____

2. ¿Qué significa que Dios tenga el control de todo? ¿Habrá alguna cosa o persona que no esté bajo el control de Dios?

_____
_____
_____
_____

3. ¿Cómo podemos conocer a Dios personalmente?

_____
_____
_____
_____

4. Si pudieras hacerle una pregunta a Dios, ¿qué le preguntarías?

_____
_____
_____

"LOS CIELOS CUENTAN

LA GLORIA DE DIOS

Y EL FIRMAMENTO

ANUNCIA LA OBRA

DE SUS MANOS"

SALMO 19:1

02

Cristianos de Plástico

William Alvarado

DESARROLLO DE LA LECCIÓN

INTRODUCCIÓN

En una ocasión, coloqué en el centro de la mesa un frutero con frutas de plástico mezcladas con una o dos frutas verdaderas. Cuando mi sobrina, que en ese entonces tenía tres años, se acercó y tomó una uva de plástico e intento comérsela, se molestó y quedó decepcionada.

¿Cómo se sentiría usted si le ofrecieran algo falso? ¿Qué tal un billete? Creo que todos nos sentiríamos muy mal.

¿Cree usted que puedan existir cristianos de plástico? Veamos un pasaje de la Biblia para contestar a esta pregunta.

1 INICIA LA HISTORIA

El pasaje de Lucas 10:29-37 nos narra la historia de un hombre que al viajar fue asaltado y herido en el camino. Esto me hace recordar los reportes policiacos; es alarmante escuchar de asaltos, crímenes, peleas, etc. (por cierto, no es nada agradable conocer los detalles).

Cuando leemos esta parábola tampoco es muy agradable detenernos en los hechos, sin embargo, al leerla con detenimiento, trae a nuestra vida una enseñanza increíble. Así que vale la pena analizar los detalles. Veamos:

a. Cayó en manos de ladrones: El hombre descendía de Jerusalén a Jericó, y en ese camino cayó en manos de ladrones.

b. Fue despojado: Significa que lo desnudaron. Le quitaron todo: la paz, el dinero, la esperanza de ver a su familia, de un futuro, de regresar al trabajo y mucho más.

c. Herido: No había sido un simple golpe o un susto grande. El hombre había sido herido a tal grado que estaba medio muerto.

d. Abandonado: Se fueron dejándole herido, solo y sin ninguna posesión.

El pasaje nos dice que a su lado pasó gente que pudo haberle ayudado, pero no lo hicieron. Se esperaba que el sacerdote lo hiciera pero no le ayudó; lo mismo se esperaba del levita pero tampoco lo hizo.

El hombre herido junto al camino vio prolongarse innecesariamente su agonía. ¿Por qué? Porque la gente que le debería ayudar no estuvo dispuesta a hacerlo.

Historias horribles como esta no deberían suceder. Pero este relato imaginario cobra vida día con día. Muchos testimonios pudieron haber sido más cortos, muchas crisis no debieron ir más círculos íntimos. de los Cada persona tiene expectativas y esperanzas. Por ejemplo, cuando uno está herido acude al doctor para que le limpie la herida, aplique la medicina, vende la herida y finalmente sea sanado. Hay muchas cosas que la gente está buscando en la iglesia: amor, aceptación, ayuda, bendición y muchas más. Pero, ¿cuántas de estas virtudes pueden encontrarse en el cristiano verdadero?

2 CRISTIANOS DE PLASTICOS VS. CRISTIANOS VERDADEROS

Hasta este punto sólo hemos visto la manera de actuar de los cristianos de plástico. ¿Habrá acaso alguien que haga la diferencia?

En la historia que leímos podemos ver a un hombre que marcó la diferencia en la vida del hombre herido. Un cristiano que no fue de plástico sino verdadero, con un corazón de carne y compasivo. Un hombre que se puso en el lugar del hombre que fue asaltado y herido; no sólo le ayudó en ese momento sino que también se

---

Pasaje de estudio: Lucas 10:29-37

Pasaje para memorizar: "Este es mi mandamiento: Que os améis los unos a los otros, como yo os he amado" Juan 15:12.

Principio bíblico: Amar al prójimo es un reflejo del amor de Dios en nosotros.

Propósito: Que el estudiante comprenda la importancia de amar a los que le rodean con un amor genuino.

preocupó por su recuperación total.

Lo que el último hombre hizo por el herido es digno de reconocimiento. Pero si a esto le agregamos que era samaritano y el hombre herido era judío, entonces las cosas son aún más impactantes. Que un samaritano ayudara a un judío era prácticamente inconcebible. Veamos cuál era la razón: "Los judíos y los samaritanos no se llevaban entre sí" (Juan 4:9). Los samaritanos eran mitad judío y mitad gentil. Cuando el reino de Israel se dividió, después del reinado de Salomón, Jerusalén fue la capital del reino del sur y Samaria se convirtió en la capital del reino del norte. Esta raza se desarrolló cuando los colonos de Asiria, quienes habían tomado el reino, entraron y llevaron cautiva a gran parte de la población. Los judíos que se quedaron eran los menos afortunados, y al verse desvalidos se unieron a los gentiles más cercanos que conocían. Cuando el resto de los judíos volvieron del cautiverio y se dieron cuenta de lo ocurrido, rechazaron a los medio judíos que vivían en Samaria. Despreciándolos y rechazándolos les pusieron por nombre samaritanos, y no los consideraban parte de la raza judía.

A pesar de todas las barreras que existían entre los samaritanos y los judíos, el samaritano fue al auxilio del necesitado. Esto fue lo que hizo:

I. Observó

a. No se hizo el desentendido.
b. No ignoró lo que miraba.
c. Observó más de lo que estaba allí.

¿Qué hacemos nosotros cuando vemos a alguien en problemas?

II. Tuvo compasión

a. Se puso en su lugar.
b. No sintió simplemente lástima.
c. Le dio amor incondicional.
d. El amor pasó por alto los desprecios de la raza judía. No tomó en cuenta que los judíos despreciaban a los samaritanos. No pagó mal por mal sino bien por mal. No le importó la edad, color de piel, idioma o trasfondo de la persona.

¿Tenemos favoritos en la iglesia, en el trabajo, en la escuela, etc.?

III. Ayudó con todo lo que tenía

a. Le dio atención, se acercó a él.
b. Le dio de sus fuerzas, lo atendió.
c. Le dio de lo que tenía, aceite.
d. Usó lo que tenía, el burro.
e. Le dio de sus bienes; todo su dinero y estuvo dispuesto a dar hasta lo que no llevaba consigo.
f. Le dio de su tiempo, se quedó la noche cuidándolo.

¿Qué estamos dispuestos a dar y qué no?

IV. Dió seguimiento

a. No dijo: "ahora que ellos en el mesón hagan su parte".
b. Tomó responsabilidad.
c. En la mañana preguntó por él.
d. Prometió regresar.

¿Cuándo termina nuestra responsabilidad por el prójimo?

V. Estuvo dispuesto a dar más si se necesitaba

a. Prometió pagar si se necesitaba más dinero.
b. Se preocupó por el bienestar del hombre

Si no tuviéramos más, ¿qué haríamos?

UN MENSAJE PARA NUESTROS DIAS

La parábola del buen samaritano es una llamada de atención a nuestra actitud ante los demás.

llegaron a limitar el significado de la palabra prójimo sólo a sus amigos de la misma raza y clase. De acuerdo con su definición, un enemigo no era un prójimo, por lo tanto, no estaban obligados a amarlo (Mateo 5:43). Por esta razón fue necesario que Jesús les aclarara quién era su prójimo. A través de la parábola del buen samaritano y del recordatorio del gran mandamiento (Mateo 22:39) (por mencionar dos referencias), Jesús expandió el concepto de prójimo a cualquier persona necesitada de ayuda que se le puede ayudar. No importan las barreras raciales, de sexo, de edad, de situación económica ni de cualquier otra índole.

Nuestro testimonio como cristianos verdaderos es importante porque sólo de esta manera el mundo conocerá a Dios. Una persona que se llama cristiana y tiene mala reputación no es útil, de hecho estorba. Nuestra responsabilidad como iglesia debe ser la de ofrecer lo que el ser humano necesita.

Primero, la salvación por medio de Jesucristo. Segundo, como consecuencia del amor de Dios en nosotros, un interés genuino por ayudarle a satisfacer sus necesidades físicas, emocionales y sociales.

RESUMEN

En la escuela, trabajo, familia, etc, los amigos que no son cristianos saben que un joven cristiano no debe mentir, robar, pelear, ser egoísta, andar envuelto en el chisme, ser deshonesto, tener actitudes negativas, decir malas palabras, no hablar u oír bromas en doble sentido, y mucho más. Pero el "no hacer" no significa necesariamente que verdaderamente seamos cristianos. El sacerdote y el levita "no hicieron". En cambio, el samaritano hizo algo y representó perfectamente el carácter de Jesucristo.

Necesitamos abrir nuestros ojos y estar atentos a las necesidades de los que están a nuestro alrededor (nuestro prójimo). Puede ser que como el sacerdote y el levita pasaron por alto a este hombre herido, nosotros también estamos pasando por alto a los que están en nuestra escuela, trabajo, barrio, colonia o aun en la misma iglesia. Aunque venga alguien que nos ha dañado o no sea nuestro amigo, debemos amarlo. Pero no por obligación sino de todo corazón, permitiendo que Dios les ame a través de nosotros.

RECURSOS COMPLEMENTARIOS

Drama: De camino a Jericó

Personajes: Un narrador, un sacerdote, un pastor, un pandillero con un pañuelo rojo (al que asaltan), tres o más pandilleros con pañuelos azules (uno será el buen samaritano), un joven para que sea el burro, una enfermera o un doctor, **Materiales:** Aceite, dinero, vendas, pañuelos y accesorios para distinguir a los personajes. En una hoja pueden escribir el título de cada personaje y pegárselos en sus camisas. El narrador lee el pasaje Lucas 10.30-37 lentamente y da oportunidad que personaje actúe su parte, de acuerdo a la historia.

Narrador: "Un hombre iba de Jerusalén a Jericó, y unos bandidos lo asaltaron, lo despojaron, lo golpearon, y se fueron dejándolo medio muerto.

1. El pandillero de pañuelo rojo entra al cuarto, luego dos o mas pandilleros con pañuelos azules se aparecen y lo asaltan y golpean. Salen corriendo y lo dejan en el suelo acostado.

Narrador: Por casualidad, un sacerdote iba por el mismo camino, y al verlo, pasó por el otro lado. Lo mismo hizo un clérigo que llegó a ese lugar, y al verlo, pasó por el otro lado

2. Un sacerdote lo mira y le da la bendición, le tira agua bendita, y se cruza a otro lado.
3. Un pastor lo mira pero hace de caso que no lo miro y se pasa al otro lado.
Narrador: Pero un samaritano, que iba de camino, llegó junto a él y al verle tuvo compasión.
1. Un pandillero con un pañuelo azul (pero no de los que lo asaltaron) lo mira y muestra interés de ayudarlo.
Narrador: Y acercándose, le curó las heridas echando en ellas aceite y vino, y le puso vendas; luego lo puso en el mismo animal que él montaba, lo llevó a una posada y lo cuidó.
1. Le ayuda, le pone aceite, le da de beber, y lo venda.
2. En la espalda de un joven lo monta, lo lleva al hospital y se queda allí.
Narrador: Al día siguiente sacó dos monedas y se las dio al dueño de la posada diciéndole: "Cuídalo, y lo que gastes de más te lo pagaré cuando regrese".
1. Se levanta y da dinero al doctor.
Conclusión, Lucas 10.36-37
Narrador: "¿Quién de estos tres te parece que fue el prójimo del hombre asaltado por los bandidos?" El experto dijo: "El que tuvo compasión de él;" y Jesús le dijo, "Vete y haz tú lo mismo."
Narrador: "Ahora... ve y haz tú lo mismo."
"FIN"

La lección para...

Abriendo la Palabra

Previo a la reunión, coloque en el suelo del salón o lugar donde se desarrollará la lección, un billete falso. Vea cuál es la reacción del adolescente que lo encuentre.

Pregúntele: ¿Qué fue lo primero que pensaste cuando viste el billete? Y cuando te diste cuenta de que era falso, ¿cómo reaccionaste?

Comparta la introducción al tema y pregunte a los otros adolescentes cómo se sentirían si estuvieran en una situación similar a la del adolescente que se encontró el billete falso.

usando los textos claves del pasaje. Asigne parte de las Escrituras a tantos adolescentes como personajes aparezcan en el texto.

Una vez que leyeron el pasaje, comparta el punto uno, "Inicia la historia". Utilice la hoja de actividades, "Tocando el Pasaje", para hacerlo de una manera más dinámica.

La última pregunta de la hoja de actividades, "Tocando el Pasaje" le servirá para hacer la transición al punto dos, "Cristianos de Plástico vs. Cristianos Verdaderos".

Una vez que expuso el punto dos, reparta a cada adolescente la hoja de actividades "Casos Reales" y trabajen en la primera sección.

Después de unos minutos de compartir opiniones sobre las situaciones imaginarias, desarrolle el punto tres y trabajen en la segunda parte de la hoja de actividades "Hechos que nos Juzgan".

Para finalizar la sesión haga dos cosas: Primero, reparta la hoja de actividades "Amar al Prójimo" para que los adolescentes hagan el compromiso de poner en práctica lo aprendido. Y segundo, haga una oración por los adolescentes pidiendo a Dios que les ayude a ser sensibles a las necesidades de los demás.

"Este es mi mandamiento: Que os améis los unos a los otros, como yo os he amado"

Juan Juan 15:12.

Profundizando en la Palabra

Invite al grupo a leer el pasaje de estudio. Si es posible, prepare con suficiente tiempo de anticipación la dramatización "De camino a Jericó",

Aplicando la Palabra

Comparta el resumen de la lección e inmediatamente después memoricen Juan 15:12. Asegúrese de que haya quedado bien claro quién es nuestro prójimo.

La lección para...

Abriendo la Palabra

Inicie la sesión con la dinámica: La fruta prohibida. Esta consiste en lo siguiente: Tome un centro de mesa de frutas de plástico con uvas, bananas, manzanas y otras frutas. En el frutero ponga una o dos frutas verdaderas (las uvas y bananas funcionan muy bien). Tome una uva y cómala, luego tome el banano y pélelo. Pida a un joven que tome una fruta (pero que ya no haya frutas verdaderas en el frutero).

Vea cuál es la reacción del joven. Pregúntele: ¿Qué fue lo primero que pensaste cuando viste que la fruta era de plástico? ¿Cómo reaccionaste?

Comparta la introducción de la lección y pregunte a los otros jóvenes cómo se sentirían si estuvieran en una situación similar a la del joven que tomó la fruta falsa.

Profundizando en la Palabra

Invite al grupo a leer el pasaje de estudio. Si es posible, prepare con anticipación la dramatización "De camino a Jericó", usando los textos claves del pasaje. Asigne parte de la Escritura a tantos jóvenes como personajes aparezcan en el texto.

Una vez que leyeron el pasaje, comparta el punto uno, "Inicia la historia". Utilice la hoja de actividades, "Tocando el pasaje", para hacerlo de una manera más dinámica. Compartan las respuestas y saquen conclusiones de cada una de ellas.

Una vez que compartieron las respuestas, desarrolle el punto dos, "Cristianos de plástico Vrs. Cristianos verdaderos". Cuando hable de los problemas que existían entre los judíos y los samaritanos, pida al grupo que dé algunos ejemplos actuales (puede ser entre países o entre grupos de un mismo país).

También es importante destacar en el punto dos la forma en que el buen samaritano actuó; debe ser un modelo para los jóvenes. Para hacerlo de una manera práctica, utilice las preguntas que se incluyen al final de cada inciso. Por ejemplo: En el inciso titulado "Observó", la pregunta que deberán contestar los jóvenes es, ¿Qué hacemos nosotros cuando vemos a alguien en problemas?

Utilice la pizarra para anotar conclusiones de los cinco inciso. Después de unos minutos de compartir opiniones, desarrolle el punto tres.

Aplicando la Palabra

Comparta el resumen de la lección e inmediatamente después memoricen Juan 15:12. Asegúrese de que haya quedado bien claro quién es nuestro prójimo.

Para finalizar la sesión haga dos cosas: Primero, reparta la hoja de actividades "Amar al prójimo" para que los jóvenes hagan el compromiso de poner en práctica lo aprendido. En esta hoja encontrarán algunos espacios más para que ellos agreguen otros enunciados. Y, segundo, haga una oración por los jóvenes pidiendo a Dios que les ayude a ser sensibles a las necesidades de los demás.

"Este es mi mandamiento: Que os améis los unos a los otros, como yo os he amado"

Juan 15:12.

La lección para...

"ESTE ES MI

MANDAMIENTO: QUE

OS AMÉIS LOS UNOS

A LOS OTROS, COMO

YO OS HE AMADO"

JUAN 15:12.

Abriendo la Palabra

Inicie la sesión repartiendo una pequeña hoja de papel a cada joven y pídale que escriba lo que esperaría de la gente que le rodea, si ésta viera el momento exacto cuando es asaltado y herido. Por ejemplo: Que le ayudaran, que ignoraran la situación para no ser lastimados, que llamaran a la policía, etc.

Luego, en la parte de atrás de la misma hoja, pídales que escriban lo que ellos estarían dispuestos a hacer si ven a alguna persona en una situación similar.

Compartan las respuestas y finalmente pregunte: ¿Cambiaría mucha su reacción, si la persona asaltada es su mamá, papá, hermana(o), o novia(o)?

Dé un tiempo breve para compartir las respuestas. Posteriormente, comparta la introducción de la lección.

Profundizando en la Palabra

Invite al grupo a leer el pasaje de estudio. Una vez que terminaron de leer el pasaje, pregunte: "Tomando como referencia el pasaje, ¿cómo definirían la palabra "prójimo?".

Luego, comparta el punto uno, "Inicia la historia". Para hacerlo de una manera más dinámica utilice la hoja de actividades, "Tocando el pasaje".

La última pregunta de la hoja anterior le servirá para hacer la transición al punto dos, "Cristianos de plástico vs. Cristianos verdaderos". En el desarrollo de este punto es importante que la

forma en que el buen samaritano actúo, sea un modelo para los jóvenes. Para hacerlo de una manera práctica para el joven, utilice las preguntas que se incluyen al final de cada sub-punto. Por ejemplo: En el sub-punto titulado "Obervó", la pregunta que los jóvenes deberán contestar es, ¿qué hacemos nosotros cuando vemos a alguien en problemas?

Después de un tiempo de compartir las opiniones sobre las preguntas del punto dos, desarrolle el punto tres.

Aplicando la Palabra

Invite a los jóvenes a memorizar Juan 15:12. Una vez que lo hayan hecho, comparta el resumen de la lección. Asegúrese de que el aprendizaje haya sido eficiente, para ello puede hacer nuevamente la pregunta, ¿cómo definirían la palabra prójimo? ¿Se aplica sólo a los seres queridos y amigos, o también a los enemigos?

De tiempo para que expresen las respuestas y compartan ejemplos prácticos. Por ejemplo, que cada uno piense en una situación por la que hayan pasado y que hayan actuado como el buen samaritano. Piensen también en situaciones en las que se arrepientan de no haber actuado como el samaritano.

Para finalizar la sesión haga dos cosas: Primero, reparta la hoja de actividades "Amar al prójimo" para que los jóvenes hagan el compromiso de poner en práctica lo aprendido. En esta hoja encontrarán algunos espacios más para que ellos agreguen otros enunciados. Y, segundo, haga una oración por los jóvenes pidiendo a Dios que les ayude a ser sensibles a las necesidades de los demás.

HOJA DE ACTIVIDADES

Tocando el Pasaje

1. ¿Qué se esperaba del sacerdote? _____

_____

_____

_____

_____

2. ¿Qué se esperaba del levita? _____

_____

_____

_____

_____

_____

_____

3. ¿Qué NO se esperaba del enemigo? _____

_____

_____

_____

4. ¿Han habido personas en tu vida de las que esperabas algo y te fallaron? (comparte con la clase una experiencia personal). _____

_____

_____

_____

_____

¡¿Quéééééé quiereeeeee?!

Dios te Ama

Aquí somos Cristianos

I ♥ MOM

"Este es mi mandamiento: Que os améis los unos a los otros, como yo os he amado"
Juan 15:12.

HOJA DE ACTIVIDADES

CASOS REALES

1. Si tú estás en un restaurante comiendo y a través de la ventana ves unos niños con hambre, pidiéndote con la mirada que les des un poco de comida, ¿qué harías?
a) Quejarte con el mesero.
b) Cerrar las cortinas de las ventanas para no verlos.
c) Darles tus sobras.
d) Tener compasión.

2. Si a tu iglesia llega un adolescente invitado, ¿qué harías para que él experimente el amor de Dios y de los cristianos?
a) Saludarlo.
b) Sentarte con él.
c) Obtener su teléfono y dirección para darle seguimiento.
d) Orar por él.
e) Hacerte su amigo.
f) Todos los de arriba y mucho más.

3. ¿Qué debo hacer con el joven que asistió a nuestra ultima reunión de jóvenes?
a) Llamarle por teléfono.
b) Invitarlo a nuestra próxima reunión.
c) Visitarlo en su casa.
d) Si asiste a mi escuela o trabajo, buscarlo en algún tiempo libre.
e) Todos los de arriba, si me es posible.

"Hechos que nos juzgan"

1 ¿Hay evidencia en tu vida de que eres un cristiano verdadero? Si ____ No ____

2 ¿Quiénes pueden testificar en una corte judicial, bajo juramento, que eres un cristiano verdadero? Escribe sus nombres: (Por lo menos tres). _____

3 ¿Cuáles son tus evidencias? Jesús dijo: "No todo el que me dice Señor, Señor, entrará en el reino de los cielos", hablando del servicio, con amor y compasión al prójimo. _____

4 ¿Crees que es correcto que una persona que no es cristiana verdadera se llame "cristiana"? Si___ No___ ¿Por qué? _____

5 Imagínate qué puede suceder si en la iglesia se encuentra el fruto del Espíritu Santo en cristianos verdaderos._____

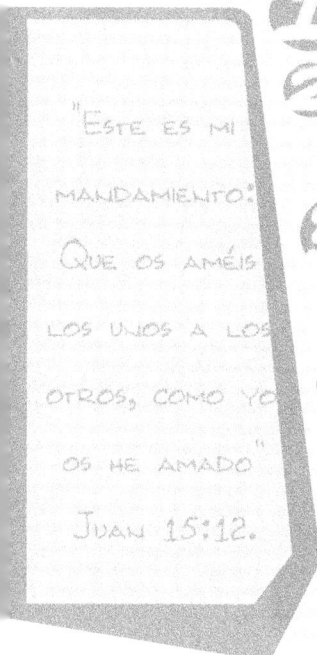

"ESTE ES MI MANDAMIENTO: QUE OS AMÉIS LOS UNOS A LOS OTROS, COMO YO OS HE AMADO" JUAN 15:12.

HOJA DE ACTIVIDADES

"Amor al Prójimo"

Yo_____ me comprometo con Dios y mi iglesia a mostrar

el amor de Dios, siendo amigable y sensible a las necesidades de:

1. Los amigos y hermanos de mi iglesia
2. Mis compañeros de escuela
3. Mis amigos de la colonia
4. Mi familia
5. Aquellos que me han ofendido o lastimado
6. _____
7. _____
8. _____

Firma _____   Testigo_____

Fecha ____/____/_____   Fecha ____/____/_____

"ESTE ES MI MANDAMIENTO:
QUE OS AMÉIS LOS UNOS
A LOS OTROS, COMO YO
OS HE AMADO"
JUAN 15:12.

03

La Personalidad

Eunice Vargas Contreras

DESARROLLO DE LA LECCIÓN

INTRODUCCIÓN

Imagine que existiera una máquina que pudiera leer la mente, de una manera similar a la que las máquinas de rayos X ven lo que hay en el interior de una maleta. ¿Nos sentiríamos incómodos al ser expuestos a este tipo de máquina? Quizá al inicio sí. Pero por otro lado, creo que nos ayudaría mucho a responder a algunas preguntas que frecuentemente vienen a nuestra mente; por ejemplo: ¿quién soy? ¿Qué soy? ¿Por qué estoy aquí? ¿De dónde vine?

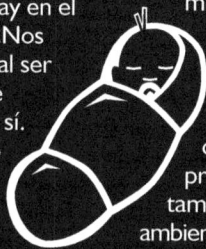

Muchas personas (la gran mayoría psicólogos) han intentado responder a estas preguntas. Pero algo en común, en todas estas respuestas, es que lo que en su momento fue un argumento convincente, al paso de los años o en la opinión de otra persona, parece ser un argumento insuficiente.

Pero entonces, ¿quién podrá decirnos quiénes somos? ¿Qué somos? ¿Por qué estamos aquí?

Para poder conocer quiénes somos, debemos entender claramente, que desde el vientre de su madre, cada ser humano empieza a mostrar una identidad única.

1 PERSONALIDAD, ¿ESTILO CASUAL?

A esto le llamamos personalidad, y es definida como el conjunto de componentes que constituyen la individualidad de la persona (Salmo 139:13-16).

Dos elementos importantes que integran la personalidad son el temperamento y el carácter.

En cuanto al primer elemento podemos decir que un volumen considerable de investigaciones muestra que muchas reacciones emocionales en las personas, pueden originarse por diferencias de temperamento; las cuales son de origen genético principalmente, aunque también reciben influencias ambientales. Cada persona muestra su propio temperamento (estilo característico de aproximarse a las personas y a las situaciones, y de reaccionar frente a ellas). El temperamento es el cómo del comportamiento: no explica qué hacen las personas ni por qué, sino simplemente cómo consiguen hacerlo.

El temperamento parece estar determinado por la herencia. Las diferencias individuales en el temperamento básico no parecen estar determinadas por las actitudes de los padres ni por el género, orden de nacimiento o clase social. Sin embargo, el estilo temperamental puede cambiar en su manifestación con el correr del tiempo. ¿Qué acontece para que se produzca tal cambio?

Es aquí en donde hace su aparición el carácter, que es la manera habitual de comportarse de una persona. Puede ser comprendido como una relación interna (disposición innata), que ha recibido influencia del ambiente que le rodea. Es decir, la parte visible de la personalidad, que distingue el comportamiento de una persona del comportamiento de los demás; condicionado sí por una disposición genética (temperamento), pero influenciado de igual o mayor manera por el ambiente que le rodea (conductas aprendidas).

2 NUESTRA PERSONALIDAD EN BUSCA DE UN IDEAL

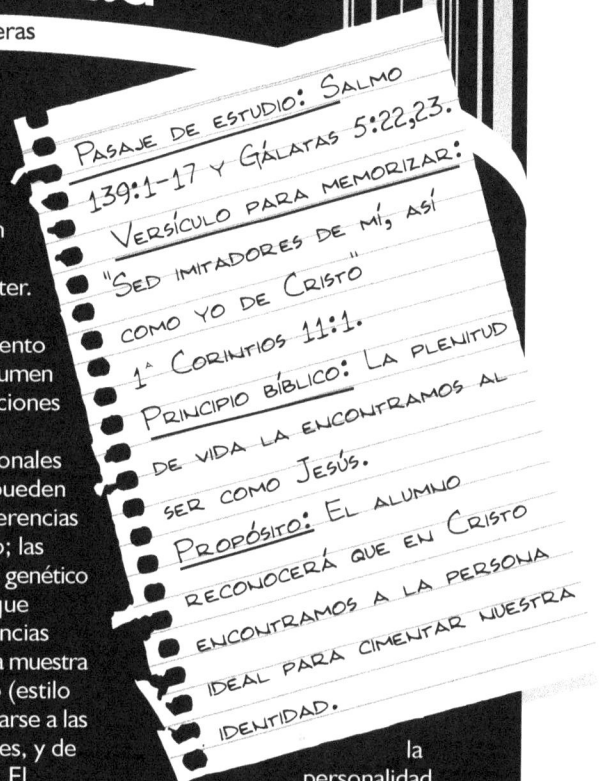

Todo lo mencionado anteriormente ha sido tomado de numerosos estudios que psicólogos y sociólogos han hecho del ser humano y su conducta. De todo ello, podríamos resumir que la personalidad ha sido definida como la "suma total de los rasgos temperamentales y de carácter de un individuo".

Esta definición se limita a decir que la personalidad es lo que una persona es. En otras palabras, todas aquellas características que le hacen ser único.

Pasaje de estudio: Salmo 139:1-17 y Gálatas 5:22,23.

Versículo para memorizar: "Sed imitadores de mí, así como yo de Cristo" 1ª Corintios 11:1.

Principio bíblico: La plenitud de vida la encontramos al ser como Jesús.

Propósito: El alumno reconocerá que en Cristo encontramos a la persona ideal para cimentar nuestra identidad.

Hasta este punto estamos de acuerdo, pero ninguna definición nos propone un ideal. En ese sentido, ¿habrá alguna meta que valga la pena alcanzar? Muchos jóvenes, en búsqueda de ideales, ponen sus ojos en los cantantes del momento, en el deportista que gana millones de dólares al año o en el actor más popular. Podríamos mencionar también a políticos, líderes mundiales y aun a líderes religiosos. Sin embargo, vemos que sus vidas son muestras claras de que no están conscientes de lo que ellos realmente son y qué propósito tienen.

Cristo nos dio el único ejemplo de rasgos personales preferibles para todos, mismos que son necesarios alcanzar si queremos ser felices. Él es nuestro modelo de amor, para servicio genuino, humildad, devoción, compromiso, satisfacción y mucho más (I Corintios II:I).

El Dr. Henry C. Link, en su libro "El Redescubrimiento del Hombre" (The Rediscovery of Man), ha definido la personalidad como "la medida en que el individuo ha desarrollado hábitos o habilidades que interesan y sirven a los demás". Esta definición establece la diferencia necesaria entre una vida casual y la verdadera personalidad.

Esta visión de la personalidad subraya el hecho de que si un hombre solamente come, duerme, siente y se reproduce; está viviendo en el nivel animal. Si una vida se centra exclusivamente en sí misma, hay una parte necesaria de la naturaleza humana que no ha logrado desarrollar. Una persona real es aquella que interesa y sirve a los demás, hace su aporte al mundo social del cual

forma parte. Este ideal para la vida posee un valor auténtico y es una parte fundamental del ideal cristiano. No obstante, debemos ir más allá si queremos definir plenamente la palabra "personalidad" desde el punto de vista bíblico.

3 LA PERSONALIDAD CRISTIANA

Para poder llegar a un concepto correcto de nuestra personalidad es necesario reconocer que en ocasiones nosotros mismos no nos conocemos. Bien podemos decir que somos tres en uno. Uno es el que digo que soy, otro el que yo creo que soy, por último, quien realmente soy. Para definir esta situación podemos echar mano de los recursos psicológicos (pruebas o test), los cuales podemos encontrar con el orientador escolar, el psicólogo de la empresa o en una consulta particular. A través de estas pruebas podemos obtener un conocimiento sobre nosotros mismos, limitado pero de inestimable valor (si nos comprometemos, claro está, a ser honestos en nuestras respuestas).

A pesar de todos los recursos psicológicos a los que tenemos accesos, debemos reconocer que el único test o prueba que es 100% segura para mostrarnos quién realmente somos, es la Palabra de Dios. Jesús dijo: "Conoceréis la verdad, y la verdad os hará libres" (Juan 8:32). En el capítulo 14 del mismo evangelio de Juan,

Jesús nos dice: "Yo soy el camino y la verdad...". Conocer a Jesús es esencial para el progreso en cualquier área de la vida. Solamente si nuestros cimientos están fundados en la Verdad, podemos construir una personalidad sana, a la estatura y plenitud de la persona ideal: JESÚS (Efesios 4:13).

Cuando llegamos al conocimiento de Cristo, nuestra vida verdaderamente tiene sentido. Ahora somos hijos de Dios, Él comparte su naturaleza con nosotros. No cambia nuestra naturaleza humana, pero sí nos da vida espiritual; lo cual nos hacer ver las cosas desde una perspectiva diferente y nos da el poder para actuar de acuerdo a su voluntad.

Las virtudes características de la personalidad cristiana (amor, gozo, paz, paciencia, benignidad, bondad, fe, etc.) nos son dadas como respuesta a un acto de nuestra voluntad. No es un acto de magia, pero sí debe considerarse como un gran milagro, porque Dios hace algo en nuestras vidas que nosotros mismos no podríamos haber hecho (Gálatas 5:22-23).

Ahora, de manera consciente, podemos fijar nuestra mente en el ideal. De manera voluntaria nos mantenemos en la presencia de Dios por medio de la oración, la lectura de la Biblia, el servicio, la comunión con otros creyentes, etc. Y después de algún tiempo, aquella semilla que fue sembrada, florece y da un fruto visible para la gente que nos rodea. Desde luego, también habrá muchos cambios que serán visibles desde el mismo momento en que aceptamos a Jesucristo como nuestro salvador.

RESUMEN

Concluimos, que la personalidad tiene que ver con un sentido de vida, con una razón que me hace ser único. Y no obstante la personalidad esté formada por el temperamento (heredado) y el carácter (formado), Dios ve al ser humano de manera integral. Por eso, cuando se refiere a la personalidad del ser humano, repetidas veces le llama "el corazón del hombre".

El salmista David se hizo preguntas similares a las que hemos tratado en esta lección hace más de 2000 años. Y en la búsqueda de una respuesta, concluyó acertadamente que la única persona que podía responder a sus preguntas era el Creador mismo. Sólo Dios podía conocer sus pensamientos, lo que había en su corazón y cuál era su propósito (Salmo 139:23-24). La recompensa de comprender y hacer suya esta verdad fue, que llegó a ser "un hombre de acuerdo al corazón de Dios.

Dios nos conoce aun desde que estábamos en el vientre de nuestra madre. Él nos creó con características que nos hacen ser diferentes a los demás por medio de su gracia, esas características nos permiten acercarnos a Él, para que por la fe en Cristo lleguemos a ser como Él.

RECURSOS COMPLEMENTARIOS

Materiales didácticos:

1. Pizarra y hojas para rotafolio
2. Marcadores o tiza (gis, yeso)
3. Biblias
4. Hojas blancas (tamaño media carta)
5. Lápices o bolígrafos
6. Cartoncillos de colores
7. Pegamento y tijeras (varias)
8. Revistas y periódicos
9. Lápices de colores, marcadores, plumones, crayones, etc.
10. Fotocopia de la Hoja de Actividades

Ilustración: El hombre frente al hombre

Aristóteles vio en el hombre, por su naturaleza, un animal político. Lo que quiere significar que para lograr su felicidad bastaría educarlo en el arte de gobernar, dar leyes y reglamentos a fin de que sepa cómo mantener el orden, la seguridad pública y las buenas costumbres. Esto es, versarlo en los negocios del estado.

Karl Marx lo concibió como un animal que lucha por su subsistencia. Para hacerlo feliz será necesario asegurarle buena alimentación. Para que tenga paz con sus semejantes hay que velar porque nada le falte. Si no tiene que comer se puede convertir en un problema; pero si tiene estará contento.

Charles Darwin lo describió como un animal que lucha por sobrevivir. La supervivencia y el dominio son sus objetivos principales. Mientras pueda ejercer ese dominio sobre sus semejantes se sentirá feliz. No se contentará con comer, lo que quiere es dominar. Dejándole ser el jefe y permitiéndole gobernar a los hombres se hará de él un animal alegre.

Sigmund Freud lo vio como un animal dominado por sus instintos naturales, en particular por el sexual. Déjese al hombre vivir en libertad a las exigencias de esos instintos, sin intento en modo alguno, de reprimirlos, y esto hará que el hombre se sienta feliz.

Jesús dijo que el hombre es "un creación de Dios, hecho a imagen y semejanza de Él", con capacidades infinitas para su desarrollo; que puede elevarse de una posición "poco menor que los ángeles" hasta las alturas de una amistad íntima con el Padre Celestial.

La lección para...

Adolescentes (12 - 15 años)

Abriendo la Palabra

Se sugiere que la disposición de las sillas sea en forma circular, de manera que no se formen barreras físicas que impidan el desarrollo de la lección en un ambiente agradable.

Para dar comienzo con la lección use la dinámica titulada ¿De quién es este pie? la cual consiste en lo siguiente: Forme parejas en el grupo (de preferencia hombre y mujer). A continuación, los participantes tienen que quitarse los zapatos y ponerse en fila en cualquier orden, detrás de una manta o sábana que deje ver solamente sus pies. Las chicas tienen que adivinar cuáles pies son los de su pareja. Una variante es hacerlo con las manos. Al finalizar la dinámica, cada adolescente explicará cómo identificó a su compañero(a) de juego.

Propicie un ambiente de reflexión acerca de las diferencias naturales (físicas, intelectuales, emocionales, etc.) que hay entre las personas: gustos, habilidades, aficiones, constitución física, edad, etc. Y concluya este tiempo inicial compartiendo la introducción de la lección.

"SED IMITADORES DE MÍ, ASÍ COMO YO DE CRISTO"

1ª CORINTIOS 11:1.

Profundizando en la Palabra

Lean juntos el Salmo 139:1-17. Después de leer este pasaje, ayude a los adolescentes a resumir su contenido. Comente que Dios nos conoce mejor que nadie porque Él nos creó, y nos hizo únicos.

Luego, comparta el punto uno del desarrollo de la lección, "Personalidad, ¿estilo casual?". Para trabajar de una manera dinámica y ayudar a los adolescentes a describir su personalidad, reparta hojas en blanco y pídales que escriban las características que ellos creen poseer. Por ejemplo: "soy tímido, soy inteligente, soy dedicado, soy despreocupado, soy alto, soy delgado, etc.".

Una vez que terminen la lista, comparta el punto dos de la lección, "Nuestra personalidad en busca de un ideal".

Después de haber compartido este punto y asegurarse que haya quedado claro, reparta otra hoja en blanco a cada adolescente. Pídales que escriban su nombre como encabezado y pasen su hoja a los demás, quienes deberán escribir alguna característica que ellos le vean. Esto servirá como introducción al punto tres, "La personalidad cristiana".

Comente: "Hemos escrito algunas características que nosotros creemos o estamos conscientes que poseemos, también hemos pasado una hoja para que los demás escriban lo que ellos piensan de nosotros. Ahora hablaremos de lo que Dios ve en nosotros y lo que Él quiere que seamos". Este es el momento preciso para compartir el punto tres y utilizar la hoja de actividades "Personaligrama".

Aplicando la Palabra

Memoricen el texto bíblico de 1ra. Corintios 11:1.

Luego, pida a los adolescentes que escriban en forma de lista las virtudes que se mencionan en Gálatas 5:22,23. Después de un tiempo breve, comparta el resumen de la lección.

Para finalizar, oren como grupo agradeciendo a Dios por las cosas positivas de cada uno y pidiéndole que les ayude a trabajar en las negativas para superarlas. Invíteles a repasar la lista de las virtudes cristianas en sus momentos de oración personal.

RESPUESTAS

Hoja de actividades
Personaligrama

VERTICALES
1. Unico
2. Personalidad
3. Temperamento
4. Paz
5. Dios

HORIZONTALES
6. Heredar
7. Bondad
8. Carácter
9. Amor

La lección para...

Abriendo la Palabra

Se sugiere que la disposición de las sillas sea en forma circular, de manera que no se formen barreras físicas que impidan el desarrollo la lección en un ambiente agradable.

Para dar comienzo con la lección use la técnica grupal llamada, "Collage". Esta técnica consiste en lo siguiente: Con recortes de revistas y/o periódicos pegados al cartoncillo, cada participante debe contestar a la pregunta: ¿Quién soy? (Dé un tiempo de cinco minutos). Al finalizar el tiempo dado para la elaboración del collage, cada joven explicará al grupo el significado de su trabajo, contestando a la pregunta: ¿Quién soy?

Al concluir con la dinámica, propicie un ambiente de reflexión acerca de las diferencias naturales que hay entre las personas: gustos, habilidades, aficiones, constitución física, edad, etc. Concluya este tiempo inicial compartiendo la introducción de la lección.

Profundizando en la Palabra

Lean juntos el Salmo 139:1-17. Pregunte al grupo: ¿De qué nos habla este pasaje?

Invite a dos o tres jóvenes a compartir sus comentarios. Ayúdeles a entender que este pasaje nos habla de que Dios nos hizo de una manera única y nos conoce hasta en el más mínimo detalle.

Luego, comparta el punto uno del desarrollo de la lección, "Personalidad, ¿estilo casual?". Para ayudar a los jóvenes a conocer un poco más de su personalidad, reparta hojas en blanco y pídales que escriban las características que ellos creen poseer. Por ejemplo: soy tímido, soy inteligente, soy dedicado, soy despreocupado, soy alto, soy delgado, etc.

Una vez que hayan terminado la lista, comente que como se vio en el punto uno, nuestra personalidad se ve influenciada por el ambiente que nos rodea. Esto incluye familia, compañeros, amigos, maestros, deportistas, etc. Pídales que piensen en una persona que puede ser modelo para ellos. Compartan su "persona modelo" y hagan una lista en la pizarra.

Inmediatamente después, comparta el punto dos del tema, "Nuestra personalidad en busca de un ideal". Después, reparta otra hoja en blanco y pida a cada joven que escriba su nombre como encabezado y pase su hoja a los demás jóvenes del grupo, quienes escribirán alguna característica que le vean. Esto servirá como introducción al punto tres, "La personalidad cristiana". Comente: "Hemos escrito algunas características que nosotros creemos o estamos conscientes que poseemos, también hemos pasado una hoja para que los demás escriban lo que ellos piensan de nosotros. Ahora hablaremos de lo que Dios ve en nosotros y lo que Él quiere que seamos". Este es el momento preciso para compartir el punto tres.

Aplicando la Palabra

Pida a los jóvenes que escriban, en forma de lista, las virtudes que se mencionan en Gálatas 5:22-23. Después de un tiempo breve, comparta el resumen del tema. Antes de concluir, memoricen el texto bíblico de 1ra. Corintios 11:1.

Finalice la reunión con una oración, agradeciendo a Dios por todo aquello que les hace ser únicos. Pidan, también, que les ayude a que el fruto del Espíritu sea siempre visible y característico de su personalidad en Cristo.

"SED IMITADORES DE MÍ, ASÍ COMO YO DE CRISTO"

1ª CORINTIOS 11:1.

La lección para...

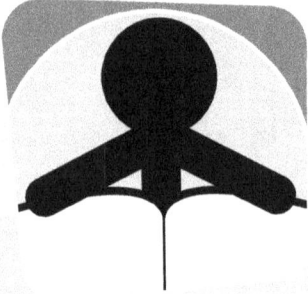

Abriendo la Palabra

Inicie la sesión repartiendo una hoja en blanco a cada uno de los participantes. Pida que en ella contesten a las siguientes preguntas: ¿Quién soy? ¿Qué soy? ¿Por qué estoy aquí?

Para contestar a estas preguntas pueden hablar desde su profesión u oficio, gustos, habilidades, constitución física, reacciones sentimentales, pasatiempos, planes, sueños e ideales, etc. (Dé un tiempo de cinco minutos). Al concluir con la dinámica, comparta la introducción al tema.

Profundizando en la Palabra

Lean juntos el Salmo 139:1-17 (cada joven puede leer un versículo). Pregunte a uno o dos jóvenes de qué habla el pasaje. Una vez que dieron sus comentarios, desarrolle el punto uno, "Personalidad, ¿estilo casual?". Ayude que entre los mismos jóvenes vayan generando una definición de personalidad. Utilice la pizarra para ir escribiendo la opinión de ellos.

Después pida a todos los jóvenes que retrocedan algunos años de su vida y recuerden cuando eran niños; tal vez cuando tenían nueve ó 10 años. Pregúnteles: ¿Qué persona llegó a ser de inspiración o influencia en su vida? Puede ser un familiar, amigos, deportista, político, etc.

Pida a algunos jóvenes que den su respuesta, e inmediatamente después comparta el punto dos de la lección, "Nuestra personalidad en busca de un ideal".

Reparta otra hoja y pida a cada joven que escriba su nombre como encabezado, y pase su hoja a los demás jóvenes del grupo, quienes deberán escribir alguna característica que ellos le ven. Cuando ya todos tengan de nuevo su hoja, pídales que comparen la lista de lo que ellos piensan de sí mismos y lo que los demás ven en ellos. Comente: "Hemos escrito algunas características que nosotros creemos o estamos conscientes que poseemos, también hemos pasado una hoja para que los demás escriban lo que ellos piensan de nosotros. Ahora veremos qué es lo que Dios ve en nosotros y lo que Él quiere que seamos". Este es el momento para compartir el punto tres, "La personalidad cristiana".

"SED IMITADORES DE MÍ, ASÍ COMO YO DE CRISTO"

1ª CORINTIOS 11:1.

Aplicando la Palabra

En este momento puede compartir la ilustración titulada, "El hombre frente al hombre". Después de esto, invite al grupo a memorizar 1Corintios 11:1.

El texto es muy pequeño, así que después de dos o tres minutos comparta el resumen de la lección.

Concluya con una oración, agradeciendo a Dios por todo aquello que les hace ser únicos. Pidiéndole también, que les ayude a que el fruto del Espíritu sea siempre visible y característico de su personalidad en Cristo.

Personaligrama

Resuelve el siguiente crucigrama que contiene palabras claves de la lección.

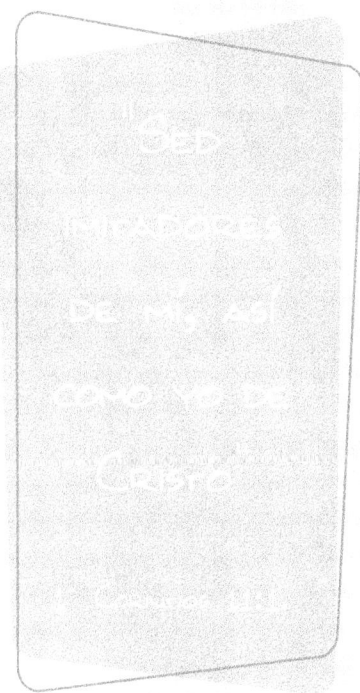

Verticales

1. Cualidad de ser diferente a los demás.
2. Componentes que constituyen la individualidad de la persona.
3. Elemento de la personalidad que se hereda.
4. Una de las virtudes de la persona llena del Espíritu.
5. Ser supremo, quien nos creó.

Horizontales

6. Cuando se recibe algo de los padres.
7. Virtud y/o cualidad de ser bueno.
8. Elemento de la personalidad que se forma.
9. La primera virtud que se menciona en Gálatas 5:22.

Hasta en las Mejores Familias

David González

DESARROLLO DE LA LECCIÓN

INTRODUCCIÓN

¿Ha pensado alguna vez que prácticamente todos los seres humanos pasamos por una escuela en común? Desde luego que no es la universidad. Tampoco me refiero a la escuela primaria o de educación básica. Estoy hablando de la familia.

La primera escuela donde las personas se forman en principios y valores es la familia. Con la familia aprendemos nuestras primeras palabras, nuestras primeras sonrisas, nuestros primeros enojos, nuestras primeras tristezas, nuestras primeras alegrías, entre muchas cosas más. Si pensáramos en términos de un edificio, diríamos que la familia son los cimientos de toda persona. Si fuera en términos de un organismo vivo, entonces diríamos que es la célula fundamental de la sociedad. Y, si la consideramos como parte de una organización, diríamos que es la estructura básica de la misma. Pero, ¿qué es exactamente la familia?

I. UNA DEFINICIÓN QUE NOS SUENA FAMILIAR

La familia es considerada como la unidad social básica. Está formada alrededor de dos o más adultos que viven juntos en la misma casa cooperando en actividades económicas, sociales y protectoras en el cuidado de los hijos propios o adoptados. En palabras sencillas, la familia es el grupo integrado por el padre, la madre (si es que no muere alguno de ellos), y los hijos (si los hay), unidos bajo un lazo de armonía y ayuda mutua.

Debemos distinguir que cada familia es única y especial. No hay dos que sean iguales. Cada una posee características que la distinguen de otras. Sin embargo, la Biblia nos dice que hay un fundamento necesario para todas las familias.

Y para conocer cuál es este fundamento, necesitamos remontarnos hasta la creación misma del ser humano, debemos responder a la pregunta: ¿Cuándo nació la familia?

a. Dios creó la familia

En Génesis 2:18 leemos, "Dios dijo: No es bueno que el hombre esté solo; le haré ayuda idónea para él".

Dios creó al ser humano con características de sociabilidad. Todos necesitamos vivir en compañía de otros seres humanos. Adán se dio cuenta de eso. Fue entonces que Dios creó a la mujer, con el propósito de conformar el ambiente ideal para vivir en sociedad: la familia. Este es el momento que podríamos denominar como el "nacimiento oficial de la familia". Sin embargo, es importante entender que aun antes de que la mujer fuera creada, en el corazón de Dios ya estaba considerada la familia.

Génesis 1:26-28 tam-bién nos dice que cuando Dios creó al ser humano le enco-mendó una misión en común: Fructificad y multiplicaos; llenad la tierra y gobernarla (cuidarla). Esto quiere decir que, la familia es una institución humana que tiene su origen en el momento mismo de la creación del ser humano. Es la relación básica entre los seres humanos y es inseparable de la creación misma.

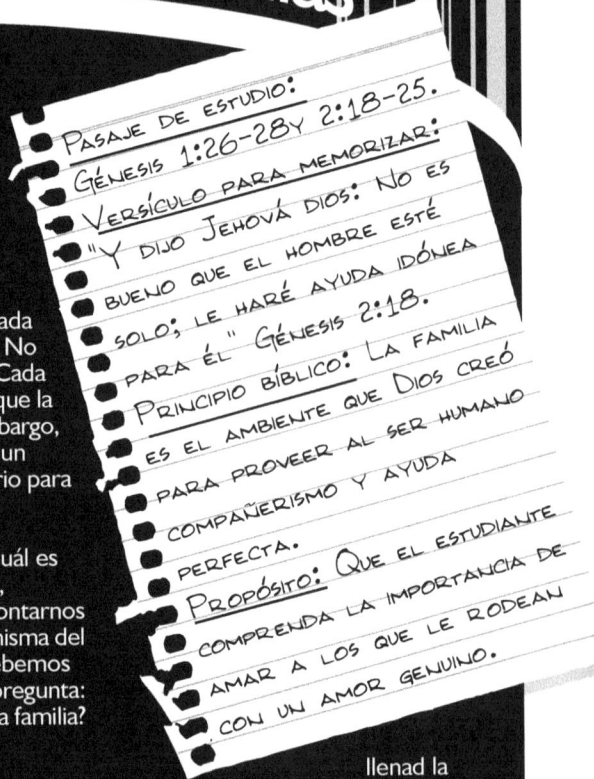

b. El propósito de la familia

No debemos perder de vista que el propósito de la familia no era simplemente "multiplicarse", sino convivir y ayudarse mutuamente, en una relación basada en el amor y en el servicio a los propósitos de Dios.

Lo anterior lo podemos concluir en el hecho de que el hombre fue creado a imagen y semejanza de Dios (Gn. 1:26). Dios es amor y desea vivir en relación con el ser humano. Por lo tanto, al ser creado en el amor de Dios, se le proveyó de ese amor para compartirlo con su Creador y con sus semejantes. Ese es el propósito original de la familia.

2. EL PLAN ORIGINAL DE DIOS SUFRE ALGUNOS CAMBIOS

Vamos a retomar la definición de familia que presentamos al inicio. Esta definición es aceptada (al menos en el papel) por la sociedad. Es decir, la gran mayoría de la gente cree y declara que la familia es un grupo integrado por el padre, la madre y los hijos, unidos bajo un lazo de apoyo y ayuda mutua. Esta es la familia "ideal", lo declara la sociedad. Pero, ¡qué lejos está de ser una realidad! Pues en la sociedad postmoderna en que vivimos, la familia es atacada por varios frentes, tales como, los medios de comunicación y los sistemas jurídicos que toleran el aborto y el divorcio.

En la actualidad es muy común encontrarnos con familias que la componen los hijos y solo la madre, o de padres divorciados que se han vuelto a casar con otra persona (matrimonios mixtos), unión libre, etc. Esto se ha vuelto tan normal. Pero ¡cuidado! Lo normal no quiere decir que esté bien. El plan original de Dios no es ese.

La primera división familiar

La situación antes mencionada no es nueva y, aunque pareciera que otra vez le echamos la culpa a Adán y Eva, tenemos que remontarnos a la caída.

La humanidad pretendió ocupar el lugar de Dios, y esto significó, como lo había anticipado el Creador, la entrada de la muerte (Génesis 2:17). La separación de Dios es literalmente la muerte, y ésta afectó la capacidad de relación del ser humano. Adán, el hombre, se esconde de Dios (Génesis 3:9-10), se avergüenza de sí mismo (Génesis 3:7 y 8) y toma distancia de Eva (Génesis 3:12). Ahora, hombre y mujer se esconden de su Creador, y se distancian entre sí. Se acusan. Ya no se ven como iguales.

El efecto más profundo se nota en el manejo de las diferencias. Estas pierden su carácter de idoneidad y complementariedad, y se convierten en motivo de conflicto. La mujer, antes vista como compañera idónea, es ahora la causa del problema: "...la mujer que me diste por compañera..." (Génesis 3:12). El hombre deja de ser el compañero que la miró con complacencia, conforme al plan de Dios, y ahora se convierte en su acusador, incapaz de asumir su responsabilidad y manejar su autonomía. Todo cambia, y las diferencias que hacían posible la complementariedad que los acercaba, que les permitía el reconocimiento y enriquecimiento mutuo, que los hacía una familia, ahora los desubica, los divide y origina un desequilibrio.

Él ahora la ve diferente, le cambia el nombre: ya no es "varona", término que destaca su identidad e igualdad, sino "Eva" (madre de todos los vivientes) término que resalta su función, procreación. La idoneidad ha quedado supeditada a la utilidad. El sujeto se ha reducido a objeto. Y es en esta familia en donde surge la primera división.

A partir de este hecho, hemos visto a lo largo de la historia que muchas familias se desintegran, se lastiman, tienen conflictos (más allá de los que una familia pudiera tener). Ha quedado muy lejos la familia en la que los padres y los hijos asumen un papel de igualdad de valor. En donde existen valores de individualidad, complementariedad, respeto y aceptación (con agrado) de sus roles y funciones. Una relación en la que la base es el amor.

3. BUENAS NOTICIAS: ¡RESTAURACIÓN A LA VISTA!

Mucha gente dice que la familia está próxima a desaparecer, pero hay alguien que no está dispuesto a que esto suceda. Así es, Dios es el principal interesado en que la familia permanezca y vuelva a ser lo que en un inicio fue. Y realmente es gracias a Él que aún hoy día podemos ver familias ejemplares. Familias en las que el plan de Dios se cumple. En Génesis 12:1-3 podemos ver que Dios desea bendecir a todas las familias de la tierra.

Dios quiere que vivamos en unidad, y que la relación entre el padre, la madre y los hijos sea una relación de amor. Una relación en la que ninguno quiera ser más que el otro sino que todos estén dispuestos a asumir su rol protagónico; ya que todos tienen un papel muy importante para la construcción de una familia saludable (Efesios 6:1-4).

La familia es muy similar a la comparación que Jesús hace de la iglesia con el cuerpo. De la misma manera, cada una de las personas (con su propia individualidad) que integran una familia, desarrollan una función. Y cuando los padres asumen la función de liderazgo no lo hacen con el afán de "dominar" a los demás, sino de proveerles cuidado, instrucción y ayuda. De la misma manera, los hijos obedecen y valoran lo que los padres les ofrecen.

El resultado de esto es, que la relación familiar crece fuerte y saludable; y dará origen a hijos que formen otras familias saludables.

RESUMEN

Es importante que no perdamos de vista dos cosas: Primera, la familia proviene del mismo corazón de Dios, y segunda, cada uno de sus integrantes es sumamente importante. Dios ha establecido un orden, pero no lo ha hecho arbitrariamente. Siempre hay una razón. Y recordemos que para Dios no es más importante o de mayor valor el padre, la madre o los hijos. Todos tienen el mismo valor, pero a cada uno se le ha encomendado una función en especial, que ayudará al crecimiento y fortalecimiento común.

También debemos recordar que a través del tiempo, la relación en la familia está sujeta a cambios; no en su fundamento que es el amor, el respeto y la honra (Colosenses 3:14), sino en la manera en que éste se va a expresar. Los hijos crecerán y pronto forjarán su propio camino. Pero para ello, primero deberán aprender, y la obediencia será clave en este proceso.

Fortalecer la familia es acercarla a Dios y llevarla hacia el fin para el que fue creada: protagonista de un

Materiales didácticos:

1. Pizarra u hojas de rotafolio
2. Marcadores o tiza (gis, yeso)
3. Lápices o bolígrafos
4. Algunos platos, vasos, cucharas, utensilios de casa

5. Videocasetera, televisor y un video de la serie de caricaturas, "Los Simpson" (opcional)
6. Hojas blancas
7. Copias de las hojas de actividades

Definición de términos:

Familia. El término familia expresa la idea de que el hombre no fue creado para vivir solo (Génesis 2:18) sino en amor, compañerismo y responsabilidad de pacto. En las Escrituras el hombre siempre se encuentra en familia, esto es, siempre en relación de pacto con otros.

Las necesidades individuales se satisfacen por medio del afecto, provisión y disciplina familiar. La falta de afecto familiar es una perversión (Romanos 1:31) y es anormal. A todos los miembros de la familia, incluyendo a los siervos, se les dan mandamientos explícitos repecto al cuidado, apoyo, amor, honor, bondad y obediencia mutua (Efesios 5:21-6:9)

El padre ideal debe ser sobrio, prudente, hospedador, apto para enseñar; no dado al vino, no pendenciero, no codicioso de ganancias deshonestas, sino amable, apacible, no avaro; que gobierne bien su casa, que tenga a sus hijos en sujeción con toda honestidad (1 Timoteo 3:2-4, 8-12). Así la mujer ideal debe proveer, criar y gobernar (Proverbios 31:10-31; 1 Timoteo 5:10,14). Todos de alguna manera deben estar sujetos el uno al otro (Efesios 5:21-6:9, y otros) en igualdad (Gálatas 3:23-4:7; Filemón 16)

Esta comunidad del pacto es religiosa y social. Las leyes y promesas del pacto de Dios deben ser enseñadas a los hijos (Deuteronómio 11:18-19). El culto y sacrificio son hechos en familia, como tribu convocada, o como nación. En el NT las familias responden al evangelio y son bautizadas. Las promesas del pacto son para la familia; el Espíritu prometido es para vosotros y para vuestros hijos. El gentil es injertado en la familia de Abraham; habéis sido acercados por la sangre de Cristo. Pablo reclamó su ventaja, que como judío era heredero de las promesas de Dios. Esta ventaja Pablo la aplica a la familia de creyentes, los cuales están bajo la influencia santificadora del nuevo pacto (1 Corintios 7:12-16).

Drama: "Una familia ejemplar"

Recomendación: El propósito de esta dramatización es mostrar una familia en la que encontramos al padre estricto, la madre consentidora, el hijo gruñón y negativo y la hija optimista. ¡Sea exagerado! Use cualquier material que pueda encontrar y que le ayude a representar esta historia.

La escena inicia con una familia en el comedor, a la hora del almuerzo. Están por empezar a comer.

Padre: -Bueno, vamos a comer. Por favor, Pedro haz una oración.

Pedro: -¿Yo? (gritando), pero si yo oré la semana pasada. ¡Que ahora lo haga Claudia!

Claudia: -Sí, yo puedo orar.

Padre: -No (dirigiéndose a Pedro), he dicho que ores tú, y lo vas hacer. (Entre quejas y murmuraciones Pedro hace una oración muy rápida.)

Madre: -Y qué tal, ¿cómo les fue en la escuela?

Claudia: -Muy bien, hoy me entregaron las notas del examen de la semana pasada y obtuve una felicitación.

Pedro: -Sí, como es la consentida de la profesora, ¡cómo no va a obtener buenas notas!

Padre: -¿Y tú Pedro? ¿Cómo te fue?

Pedro: -Pues ahí, pasándola.

Madre: -¿Cómo que "ahí pasándola"?

Pedro: -Pues, ¿qué quieres que te diga? Siempre es lo mismo. El mismo maestro aburrido de siempre, dejándonos tareas imposibles de hacer. Además, sólo porque me levanté a recoger un lápiz que se me había caído, pensó que estaba copiando al compañero de enfrente. ¡Eso si que es desconfiar de la gente!

Padre: -Mira Pedro, no quiero que otra vez me llamen de la escuela; tengo mucho trabajo en la oficina como para ir a escuchar sólo quejas de tu conducta.

Madre: -(Levantándose y dirigiéndose a Pedro) -No seas injusto con Pedro, él tiene razón. Ese maestro si que es el peor que le pudo haber tocado.

Claudia: -Bueno, ya terminé, voy a lavar los platos y después a hacer mis tareas escolares.

Pedro: -Que bien, mientras tanto, yo voy a ver la televisión. Ya está por iniciar mi programa favorito.

La lección para...

Abriendo la Palabra

Para iniciar la reunión, realice la dramatización de "Una familia ejemplar" que puede encontrar en la sección de recursos complementarios de esta lección. Elija a varios adolescentes que le ayuden a desarrollarla. Pídales que lo hagan lo más cómico y exagerado posible.

Haga la transición al tema, comentando: "Bueno, hemos visto la representación de una familia común. Tal vez muchos se identificaron o dijeron, "así es mi familia" o "así era mi familia". Y precisamente el tema del que hablaremos hoy es la familia. Para iniciar el tema necesito saber qué tanto saben sobre este tema".

Pida a dos o tres adolescentes que respondan a la siguiente pregunta: ¿Qué es la familia? Compartan las respuestas y posteriormente, desarrolle la introducción de la lección.

> "Y DIJO JEHOVÁ DIOS:
> NO ES BUENO QUE EL
> HOMBRE ESTÉ SOLO;
> LE HARÉ AYUDA
> IDÓNEA PARA ÉL"
> GÉNESIS 2:18.

Profundizando en la Palabra

Para entrar de lleno al estudio de la lección, invite a los adolescentes a leer juntos los pasajes de estudio.

Luego, exponga el punto uno del desarrollo de la lección, "Una definición que suena familiar". Para hacer más clara la definición de "familia", utilice la pizarra y, conforme vaya explicando la definición, puede escribir en forma de lista los elementos que integran una familia.

En el punto uno hay dos interrogantes que deben quedar respondidos: ¿Quién creó la familia? y ¿para qué fue creada? Asegúrese que una vez desarrollado este punto, los adolescentes puedan responder correctamente a estas dos preguntas.

Para pasar al segundo punto, "El plan original de Dios sufre algunos cambios", haga el contraste entre el propósito de Dios para la familia y lo que ha venido a ser en la práctica para la sociedad. Por ejemplo, enfatice que un elemento esencial en la familia es la unidad, por el contrario, algo característico en muchas familias es la división.

Una vez que hablaron de las consecuencias que se reflejaron en la familia, a raíz de la caída del ser humano, desarrolle el punto tres, "Buenas noticias, restauración a la vista". Para ayudar a que queden bien claros los elementos esenciales en una relación familiar, utilice la hoja de actividades, "La familia que Dios diseñó". Para hacer la transición a la Aplicación de la Palabra, pida a los adolescentes que compartan las respuestas del ejercicio que hicieron.

Aplicando la Palabra

Una vez que compartieron sus respuestas, invíteles a memorizar Génesis 2:18. Rete a los participantes a que lo digan de memoria y en voz audible. Luego, concluya con el resumen de la lección.

Termine la clase con una oración, y pida a los adolescentes que den gracias a Dios por la familia que tienen. Si la familia de algún adolescente está pasando por problemas o ha pasado por alguna situación como un divorcio de los padres, muerte o abandono del padre, la madre o hermano(s), invite a los otros adolescentes a que oren por él o ella.

Respuestas

Hoja de Actividades
La Familia que Dios Diseñó

Relación Bíblica

1. (1) con (9)	4. (4) con (5)	7. (7) con (6)
2. (2) con (7)	5. (5) con (1)	8. (8) con (3)
3. (3) con (8)	6. (6) con (2)	9. (9) con (4)

SOPA DE LETRAS

```
C  O  N  F  I  A  N  Z  A  H
U  B  Q  E  R  M  J  X  Z  U
I  E  W  F  G  O  T  G  O  M
D  D  S  F  G  R  Y  H  I  I
A  E  C  V  H  J  G  K  L  L
D  R  E  S  P  E  T  O  S  D
O  K  F  H  J  A  D  U  Y  A
E  S  C  U  C  H  A  R  A  D
O  B  E  D  I  E  N  C  I  D
A  N  I  L  P  I  C  S  I  D
```

La lección para...

Abriendo la Palabra

la reunión, realice la dramatización de "Una familia ejemplar" que se encuentra en la sección de recursos complemen-tarios de esta lección. Elija a varios jóvenes que le ayuden a desarrollar-la. Pídales que lo hagan lo más cómi-co y exagerado posible.

Una segunda opción es grabar un pequeño fragmento de la serie de caricaturas "Los Simpson". Y poste-riormente, hagan un análisis del comportamiento de cada uno de los personajes. Este análisis les servirá para que en el transcurso de la clase hagan una comparación entre las actitudes de esta familia y lo que dice la Biblia que debe ser una familia.

Una tercera opción es la siguiente: Divida la pizarra en tres columnas. En una de ellas ponga como encabezado: Padre; en otra: Madre; y, en la tercera: Hijos. Luego, escriba debajo de cada uno de los títulos algunas de las características que identifican a cada uno de ellos. Recuerde que es la manera en que los jóvenes ven a la familia. Un ejemplo sería el siguiente:

Padre	Madre	Hijos
El que trabaja todo el día	Quien mantiene en orden la casa (cuidado de los hijos, limpieza, etc.)	Tienen que obedecer a los padres, asistir todos los días a la escuela

Luego, haga la transición comentan-do lo siguiente: "Bueno, hemos visto la representación de una familia común. Tal vez muchos se identificaron o dijeron, "así es mi familia" o "así era mi familia". Y, precisa-mente el tema del que hablaremos hoy es la familia. Pero para iniciar, necesito saber, qué más saben sobre la familia".

Reparta hojas pequeñas de papel y pida a los jóvenes que escriban en ellas la respuesta a la siguiente pregunta: ¿Qué es la familia? Lean las respuestas y posteriormente, comparta la introducción de la lección.

Profundizando en la Palabra

Invite al grupo de jóvenes a leer los pasajes de estudio. Puede hacerlo pidiendo a dos jóvenes (un hombre y una señorita, de preferencia) que lean los pasajes de estudio.

Luego, exponga el punto uno del desarrollo de la lección, "Una definición que suena familiar". Para hacer más clara la definición de "familia", puede escribir en la pizarra, en forma de lista, los elementos que la integran.

En el punto uno hay dos aspectos que deben quedar bien claros: ¿Quién creó a la familia? y ¿para qué fue creada? Asegúrese que una vez que desarrolló este punto, los jóvenes puedan responder correctamente a las preguntas antes mencionadas.

Para pasar al segundo punto, "El plan original de Dios sufre algunos cambios", haga la comparación entre el propósito de Dios para la familia y lo que ha venido a ser ésta para la sociedad. Por ejemplo, enfatice que un elemento esencial en la familia es la unidad; en cambio, algo que es característico en muchas familias es la división. Pueden hacer un cuadro comparativo en la pizarra.

Una vez que hicieron la comparación, desarrolle el punto tres, "Buenas noticias, restauración a la vista". Para enriquecer este punto puede utilizar la hoja de actividades, "La familia que Dios diseñó".

Aplicando la Palabra

Para entrar en la parte final de la sesión, invíteles a memorizar Génesis 2:18.

Luega, comparta el resumen de la lección y hagan el siguiente ejercicio: Pida al grupo de jóvenes que hagan una lista de todas las cosas que valoran en su familia, por ejemplo: Ahora, frente a cada cosa que valoren, pídales que escriban, cómo están ellos participando para que esas cosas se den.

Cosas que valoro	¿Cómo participo para que se den?
La confianza	Les cuento a mis padres lo que me pasa en la escuela o con los amigos
Siempre hay qué comer	Ayudo a hacer las compras y a cocinar

Finalmente, invite al grupo a dar a gracias a Dios por la familia que tienen. Si la familia de algún joven o señorita está pasando por problemas o ha pasado por alguna situación como un divorcio, muerte o abandono del padre, la madre o hermano(s), invite a los otros jóvenes a que oren por él o ella.

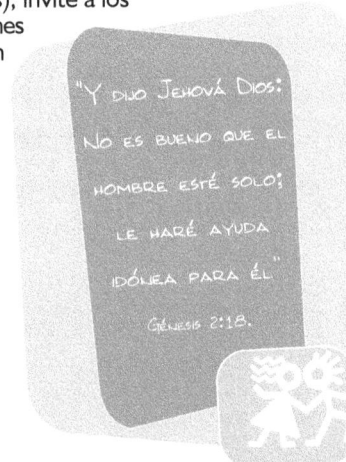

"Y dijo Jehová Dios: No es bueno que el hombre esté solo; le haré ayuda idónea para él"
Génesis 2:18.

"Y DIJO JEHOVÁ DIOS: NO ES BUENO QUE EL HOMBRE ESTÉ SOLO; LE HARÉ AYUDA IDÓNEA PARA ÉL"

Génesis 2:18

Abriendo la Palabra

Inicie la sesión haciendo las siguientes preguntas:

1. ¿Qué es la familia?
2. De todas las personas que integran a la familia, ¿quién es la más importante y por qué?

Dé suficiente tiempo para que escriban en una hoja la respuesta a estas dos preguntas. Después, compartan las respuestas sin llegar a ninguna conclusión.

Profundizando en la Palabra

Una vez que todos compartieron las respuestas, invíteles a leer los pasajes de estudio y comparta la introducción de la lección.

Luego, exponga el punto uno del desarrollo de la lección, "Una definición que suena familiar". En este punto uno hay dos aspectos que deben quedar bien claros: ¿Quién creó la familia? y ¿para qué fue creada? Asegúrese que una vez que desarrolló este punto, los jóvenes puedan responder correctamente a estas dos preguntas.

Para pasar al segundo punto, "El plan original de Dios sufre algunos cambios", haga la comparación entre el propósito de Dios para la familia y lo que ha venido a ser ésta para la sociedad. Por ejemplo, enfatice que un elemento esencial en la familia es la unidad, en cambio, algo que es característico en muchas familias es la división. Para hacer dinámico este punto, utilice la primera sección de la hoja de actividades, "Mitos y leyendas".

Una vez que hicieron la comparación, desarrolle el punto tres, "Buenas noticias, restauración a la vista". En este punto, puede utilizar la actividad "Una opinión que sí vale" de la hoja de actividades, "Mitos y leyendas". Trabajen individualmente en esta sección y, finalmente, compartan sus respuestas.

Respuestas

Hoja de Actividades
La Familia que Dios Diseñó

Relación Bíblica

1. (1) con (9)   4. (4) con (5)   7. (7) con (6)
2. (2) con (7)   5. (5) con (1)   8. (8) con (3)
3. (3) con (8)   6. (6) con (2)   9. (9) con (4)

Sopa de Letras

C	O	N	F	I	A	N	Z	A	H
U	B	Q	E	R	M	J	X	Z	U
I	E	W	F	G	O	T	G	O	M
D	D	S	F	G	R	Y	H	I	I
A	E	C	V	H	J	Y	K	L	L
D	R	E	S	P	E	T	O	S	D
O	K	F	H	J	T	D	U	Y	A
E	E	S	C	U	C	H	A	R	D
O	B	E	D	I	E	N	C	I	A
A	N	I	L	P	I	C	S	I	D

Aplicando la Palabra

Memoricen Génesis 2:18, antes de concluir la sesión. Después de haber memorizado el texto bíblico, comparta el resumen de la lección.

Finalmente, invite al grupo a dar a gracias a Dios por la familia que tienen. Si la familia de algún joven o señorita está pasando por problemas o ha pasado por alguna situación como un divorcio, muerte o abandono del padre, la madre o hermano(s), invite a los otros jóvenes a que oren por él o ella.

HOJA DE ACTIVIDADES

Revista Jóvenes de Discipulado #1 - Hasta en las Mejores Familias

"La Familia que Dios Diseñó"

RELACIÓN BÍBLICA

Busca las citas bíblicas y relaciónalas con la característica que corresponda. Luego, encuéntra las características en la sopa de letras.

1. Ayuda (1)
2. Cuidado (2)
3. Escuchar (3)
4. Humildad (4)
5. Confianza (5)
6. Amor (6)
7. Disciplina (7)
8. Respeto (8)
9. Obediencia (9)

(1) Marcos 4:22; Proverbios 1:33
(2) Colosenses 3:14
(3) Colosenses 3:21
(4) Efesios 6:1
(5) Efesios 5:21; Proverbios 3:7
(6) Proverbios 3:12
(7) Efesios 5:25
(8) Proverbios 4:1
(9) Gálatas 6:2

MEMORIA

"Y dijo Jehová Dios: No es bueno que el hombre esté solo; le haré ayuda idónea para él"
Génesis 2:18.

SOPA DE LETRAS

C	O	N	F	I	A	N	Z	A	H
U	B	Q	E	R	M	J	X	Z	U
I	E	W	F	G	O	T	G	O	M
D	D	S	F	G	R	Y	H	I	I
A	E	C	V	H	J	G	K	L	L
D	R	E	S	P	E	T	O	S	D
O	K	F	H	J	A	D	U	Y	A
E	S	C	U	C	H	A	R	A	D
E	B	E	D	I	E	N	C	I	A
A	N	I	L	P	I	C	S	I	D

HOJA DE ACTIVIDADES

"MITOS Y LEYENDAS"

Comenten algunos mitos que se han creado alrededor de la familia, por ejemplo: *"La mujer sólo debe estar en el hogar y encargarse del cuidado de los hijos".*

Mitos

¿Qué dice Dios al respecto?

1.

2.

3.

4.

5.

Busca las citas bíblicas que a continuación se presentan y discutan qué tan aplicables son para las familias hoy.

Colosenses 3:14

Colosenses 3:21

Marcos 4:22; Proverbios 1:33

Efesios 6:1

Efesios 5:21; Proverbios 3:7

Proverbios 3:12

Efesios 5:25

Proverbios 4:1

Gálatas 6:2

"Y DIJO JEHOVÁ

DIOS: NO ES BUENO

QUE EL HOMBRE ESTÉ

SOLO;

LE HARÉ AYUDA

IDÓNEA PARA ÉL"

GÉNESIS 2:18.

Un Gran Pueblo

David González

DESARROLLO DE LA LECCIÓN

INTRODUCCIÓN

¿Qué es lo primero que se nos viene a la mente cuando escuchamos la palabra iglesia? Probablemente lo que imaginamos es un edificio con una gran cruz en el frente.

Es muy común escuchar la frase, "yo voy a la iglesia todos los domingos", cuando se refieren al lugar donde se reúnen los cristianos. También es frecuente escuchar, "en mi iglesia hacemos eso o aquello", o "mi iglesia está en aquel lugar".

Como podemos ver, hay un poco de confusión con respecto a la palabra iglesia. Por tal motivo, es importante analizar con detenimiento, ¿qué o quién es la iglesia?

¿QUÉ SIGNIFICA LA PALABRA IGLESIA?

significado sencillo de la palabra iglesia es "asamblea", y los escritores del Nuevo Testamento utilizaron este término para refe-rirse a la reunión de los seguidores de Jesucristo (Romanos 16:3).

La Iglesia del Nuevo Testamento surgió como el grupo de personas que, por la predicación de los apóstoles, aceptaron el llamado de Dios al arrepentimiento y así fueron libres del pecado. En el libro de Hechos vemos que los primeros cristianos se reunían en el templo y en las casas, compartían el alimento, hacían oraciones, alavaban a Dios, se

ayudaban unos a otros, etc. Otro pasaje que nos habla del lugar en el que se reunía la iglesia lo encontramos en Romanos 16:3-5. En este pasaje el apóstol Pablo saluda a la iglesia que se reunía en la casa de Priscila y Aquila en Roma.

Por lo anterior, cuando la Biblia utiliza la palabra iglesia no se refiere a un edificio sino a los seguidores de Jesús. Aquellas personas que al aceptar a Jesús como su Salvador recibían nueva vida en Él y se convertían en hijos de Dios.

Entonces, cuando decimos "voy a la iglesia los domingos", lo que en realidad estamos diciendo es, que vamos al "templo" (por cierto, los "templos" de ahora son muy diferentes de como eran original-mente, y muy diferentes entre sí).

También podríamos definir a la iglesia como una institución u organización. Pero a diferencia de cualquier otra, la iglesia es una organización "viva". Y la vida radica en que la iglesia es el cuerpo de Jesucristo, quien es la resurrección y la vida. En 1 Corintios 12:27 se nos dice que los cristianos somos el cuerpo de Cristo, y que, así como cada miembro del cuerpo tiene una función, nosotros también tenemos una tarea específica.

Por otro lado, también es importante decir que cuando hablamos de la igle-sia podemos estar refiriéndonos a:

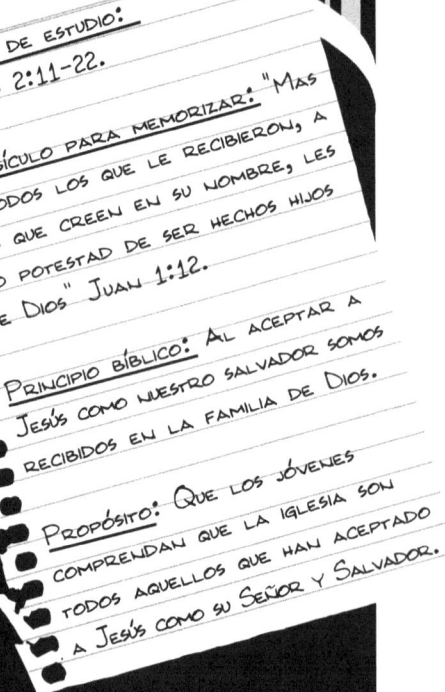

PASAJE DE ESTUDIO: Efesios 2:11-22.

VERSÍCULO PARA MEMORIZAR: "Mas a todos los que le recibieron, a los que creen en su nombre, les dio potestad de ser hechos hijos de Dios" Juan 1:12.

PRINCIPIO BÍBLICO: Al aceptar a Jesús como nuestro salvador somos recibidos en la familia de Dios.

PROPÓSITO: Que los jóvenes comprendan que la iglesia son todos aquellos que han aceptado a Jesús como su Señor y Salvador.

1. **La iglesia local,** que es una congregación de creyentes de cierta comunidad que se reúnen en un edificio, una casa u otro lugar (Filemón 1:2).

2. **La "iglesia universal",** que es la suma de creyentes alrededor del mundo, incluyendo los que ya han muerto, cuyos nombres están escritos en el libro de la vida (Filipenses 4:3 y 1 Corintios 2).

Por otro lado, la iglesia del Señor es visible e invisible. Esto es porque cada vez que nos reunimos podemos vernos unos a otros; pero en realidad sólo Dios sabe quién pertenece al cuerpo de Cristo.

¿CÓMO NACE LA IGLESIA?

El propósito por el cual Dios creó al ser humano fue el de vivir en una relación perfecta con él. Pero el hombre decidió darle la espalda a su Creador, tomar su propio camino y convertirse en su enemigo. Sin embargo, lo único que logró fue llevar una vida de esclavitud bajo el dominio del pecado y con este, la muerte y el sufrimiento eterno.

A pesar de esto, Dios en su gran amor, ha buscado por todos los medios liberar al hombre de la esclavitud del pecado. Para ello formó un pueblo que anunciara al mundo su amor, misericordia y salvación.

Esa fue la razón por la que Dios llamó a Abraham (Génesis 12:1-9). Pero pasaron los años, y si bien es cierto, los descendientes de Abraham se convirtieron en la gran nación de Israel, lamentablemente se apartaron del propósito para el cual Dios los llamó.

Al ver esto, Dios envió a los profetas. Estos anunciaron que en el futuro Dios formaría un nuevo pueblo que le sirviera. Ese nuevo pueblo, al que se hace referencia, es la iglesia que fundó nuestro Señor Jesucristo (1 Pedro 2:9-10).

El Pentecostés representó el nacimiento de la iglesia cristiana (Hechos 2). Jesucristo había prometido el Espíritu Santo a sus discípulos (San Juan 16:5-16). Así que la iglesia inició su ministerio bautizada con el poder del Espíritu Santo. Este es poder para vivir en obediencia a la Palabra de Dios y cumplir con el propósito para el cual fue puesta en este mundo.

La iglesia proviene entonces del corazón de Dios. Y fue el amor de Dios por cada uno de nosotros la razón por la que entregó a su propio Hijo para morir en la cruz. Y así como el Padre dio a su Hijo,

Jesucristo mismo se dio por la iglesia, *"para hacerla suya, limpiándola por medio de su mensaje y del bautismo"* (Efesios 5:25-26).

¿PARA QUÉ CREÓ DIOS A LA IGLESIA?

Desde el mismo momento de la caída de Adán y Eva, Dios comenzó a trabajar con el ser humano de diferentes maneras. Pero siempre con un propósito en mente: Traerlo nuevamente a vivir en armonía con Él. Por eso, cuando Dios llamó a Abraham lo hizo para extender su amor a toda la humanidad. Y ahora, el propósito que Dios tuvo para Abraham es también para nosotros, sus hijos. Este propósito de Dios para su iglesia se encuentra resumido tanto en "El Gran Mandamiento", como en "La Gran Comisión" (Mateo 22:37-40; 28:18-20).

Jesús comisionó a su Iglesia para que hiciera su obra. Dios llama a los miembros de la Iglesia para que prediquen las buenas noticias de salvación.

Todos los que formamos parte de la Iglesia tenemos un llamado con dos implicaciones. Primero, ser discípulos de Jesús; y segundo, invitar a otros a seguirle. La única manera en que podemos hacer esto es permaneciendo cerca de Cristo, predicando su evangelio y viviendo como Él viviría en nuestro lugar. De esta manera, Jesucristo se hace visible a través de su cuerpo que es la iglesia.

RESUMEN

Después de haber visto todos los pasajes que hacen referencia a la iglesia, podemos concluir que la iglesia no es un edificio o un lugar en específico. Tampoco es una simple organización. La iglesia es una gran familia que está en todo el mundo. Sí, una familia integrada por todos aquellos que han aceptado a Jesucristo como su salvador.

Y ahora, los que pertenecemos a esta familia, tenemos tanto un gran privilegio como una gran responsabilidad: El privilegio de pertenecer a la familia de Dios y la responzabilidad de "Llevar un mensaje de esperanza al necesitado". ¿Cuál es ese mensaje? *"Dios te amó tanto, que decidió enviar a Jesucristo para adoptarte como hijo suyo, pues así había pensado hacerlo desde un principio".* (Efesios 1:4b-6 Biblia en Lenguaje Sencillo).

Materiales didácticos:

1. Pizarra u hojas de rotafolio
2. Marcadores o tiza (gis, yeso, tiza)
3. Biblias
4. Copias de las hojas de actividades
5. Lápices o bolígrafos

Definición de términos:

Iglesia: La palabra "iglesia" en el Nuevo Testamento proviene del gr. εκκλε∝σια, que en general significa congregación local de cristianos, nunca un edificio. Aunque a menudo designamos a estas congregaciones colectivamente como la iglesia neotestamentaria o la iglesia primitiva, ningún escritor del NT usa la palabra εκκλε∝σια en esta forma colectiva. Una εκκλε∝σια era una reunión o asamblea. La forma más común de utilizarla era para designar a una asamblea pública de ciudadanos debidamente citada, siendo esta una característica de todas las ciudades fuera de Judea donde se implantó el evangelio (p. ej. Hechos 19:39); el vocablo εκκλε∝σια también se usaba entre los judíos (LXX) para designar la "congregación" de Israel que se constituyó en el Sinaí, y se reunía delante del Señor en las fiestas anuales en la persona de sus varones representativos (Hechos 7:38).

Douglas, J. D., *Nuevo Diccionario Bíblico Certeza*, (Barcelona, Buenos Aires, La Paz, Quito: Ediciones Certeza) 2000, c1982.

Dinámica: "Conectando el cuerpo"

Divida a los adolescentes en dos grupos (el mismo número de gente en cada grupo). Todos estarán de pie tomados de las manos, formando dos círculos (uno dentro del otro). Asigne un número a cada uno de los integrantes de cada círculo; esto hará que haya dos números uno, dos números dos, dos números tres y así sucesivamente. Cuando dé la orden, los dos círculos empezarán a dar vueltas en sentido contrario uno del otro.

Mientras están dando vueltas, dé una orden parecida a esta: "Codo a nariz". Al momento, los dos círculos deberán detenerse y las parejas (los mismos números) deberán conectar sus cuerpos como se les ha indicado. Lo harán de la siguiente manera: El codo del adolescente uno del círculo de afuera, lo hará con la nariz del adolescente uno del círculo de adentro; el codo del dos del círculo de afuera, lo hará con la nariz del dos del círculo de adentro. Puede hacer las combinaciones que usted quiera e ir eliminando a los últimos en conectarse en cada ronda.

Al final, quedará una sola pareja ganadora. Puede llevar algo como premio para motivarles.

Adolescentes (12 - 15 años)

Abriendo la Palabra

Un buen inicio es utilizando la dinámica "Conectando el cuerpo" que puede encontrar en la sección de recursos complementarios de esta lección.

Al terminar la dinámica, comente: "En esta dinámica hemos utilizado varias partes del cuerpo, porque en la sesión de este día hablaremos de un tema en el que muchas veces se utiliza la figura del cuerpo humano para ilustrarlo. Hablaremos de la iglesia".

Profundizando en la Palabra

Lean el pasaje de estudio. Permita que alguno, de los adolescentes dirijan la lectura.

Pregunte: "Para ustedes, ¿qué es la iglesia?". Escriba las respuestas en una pizarra. Después que compartieron las respuestas, comente con los adolescentes lo que dicen los puntos uno y dos del desarrollo de la lección. Asegúrese de que el principio bíblico de la lección quede bien claro en los adolescentes.

Luego reparta la hoja de actividades "No es lo Mismo" y forme tres grupos para que trabajen con los dos ejercicios. Déles 10 minutos para que lo hagan y después comparta el punto tres del desarrollo de la lección.

Aplicando la Palabra

Invite al grupo a memorizar juntos Juan 1:12 y comparta el resumen de la lección.

Antes de concluir, pida a cada adolescente que diga una manera práctica en la que, en el transcurso de la semana, puede mostrar a sus amigos y familiares que es parte de la iglesia.

Finalice con una oración en la que guía a sus alumnos a dar gracias a Dios por el privilegio de ser parte de la iglesia y pidiendo que les ayude a mostrar, en todo momento, que cada uno es parte del cuerpo de Cristo.

"MAS A TODOS LOS QUE LE RECIBIERON, A LOS QUE CREEN EN SU NOMBRE, LES DIO POTESTAD DE SER HECHOS HIJOS DE DIOS"

JUAN 1:12.

Respuestas

Hoja de Actividades
No es lo Mismo

IGLESIA   4 - 5 - 6 - 8 - 10 -12

TEMPLO: 1 - 2 - 3 - 7 - 9 - 11

La lección para...

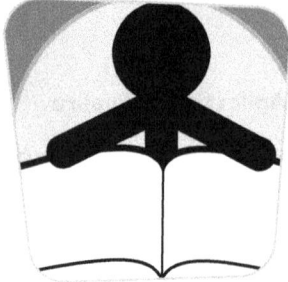

Abriendo la Palabra

Para iniciar realice una dinámica que consiste en hacer una relación de palabras.

Los jóvenes estarán ubicados en un círculo. Usted formará parte de este círculo, y comenzará diciendo la palabra **"Iglesia"**. Entonces, el joven que esté a su derecha deberá decir una palabra que se relacione con la palabra iglesia, por ejemplo: pastor.

Luego, la persona que esté al lado derecho del joven que dijo la palabra "pastor", deberá decir una palabra que se relacione con la palabra pastor, quizá: predicación y así siguiendo el orden. No deben repetir ninguna palabra que dicha. Hagan esto dos o tres veces.

Al terminar este juego, comente: "En esta dinámica iniciamos con la palabra **Iglesia**, y a partir de esta surgieron otras palabras. ¿Recuerdan cuáles fueron?". Escriba todas las palabras en la pizarra.

Utilizando todas o algunas de las palabras mencionadas por los jóvenes, pídales que definan la palabra **Iglesia.** Escriba en la pizarra la definición que ellos consideran es la más apropiada.

Profundizando en la Palabra

Lean el pasaje de estudio. Permita que dos jóvenes dirijan la lectura (de preferencia un hombre y una mujer).

Una vez que terminen de leer el pasaje de estudio, haga referencia a la definición que ellos elaboraron y comente: "Ustedes han hecho una definición de la palabra iglesia, en esta ocasión quiero compartirles qué dice la Biblia y la historia al respecto".

Este es el tiempo en que deberá compartir lo que dicen los puntos uno y dos del desarrollo de la lección.

Luego, reparta la hoja de actividades "Un Gran Pueblo", y pida a los jóvenes que trabajen en parejas para contestar las preguntas. Déles 10 minutos para que lo hagan y después comparta el punto tres del desarrollo de la lección.

Aplicando la Palabra

Es el tiempo indicado para memorizar Juan 1:12. Después de haber memorizado el verso, comparta el resumen de la lección.

Antes de concluir, pida que cada uno de los jóvenes diga una de las cosas que más le gusta de su iglesia local. Pídales también que digan en qué forma pueden, como grupo de jóvenes, ayudar a que estas cosas positivas se sigan dando en la iglesia.

Concluyan con una oración, dando gracias a Dios por la oportunidad de ser parte de la iglesia, rogando también por la unidad de ella.

"Mas a todos los que le recibieron, a los que creen en su nombre, les dio potestad de ser hechos hijos de Dios" Juan 1:12.

Abriendo la Palabra

Para iniciar, puede usar la hoja de actividades "Piensa rápido".

Pídales que en cada letra escriban una palabra que se relacione con la palabra iglesia. Por ejemplo: La "i" puede ser "internacional"; la "g" puede ser grupo; y así sucesivamente.

Déles algunos minutos y posteriormente compartan sus palabras. Para hacerlo de una manera más gráfica, escriba en una pizarra la palabra **Iglesia** en forma de acróstico. A continuación escriba todas las palabras que los jóvenes escribieron.

Luego, utilizando todas o algunas de las palabras, pida a los jóvenes que definan la palabra **iglesia.** Pueden escribir su definición en la parte de atrás de la hoja que se les entregó.

Profundizando en la Palabra

Lean el pasaje de estudio. Permita que un joven o una señorita lea el pasaje.

Una vez que hayan leído el pasaje, haga referencia a la definición que ellos elaboraron y comente: "Ustedes han hecho una definición de la palabra iglesia, en esta reunión vamos a ver qué dice la Biblia y la historia al respecto".

Continúe la sesión compartiendo lo que dice el punto uno del desarrollo de la lección. En este punto hablarán de la iglesia local y de la iglesia universal, pídales que den ejemplos de cada una de ellas.
Cuando esto haya quedado claro para todos, hable acerca del nacimiento de la Iglesia. Esto se encuentra explicado en el punto dos del desarrollo de la lección. Una buena manera de abordar este punto es haciendo una similitud entre el nacimiento del pueblo de Israel, como el pueblo de Dios y la iglesia cristiana, como el nuevo pueblo de Dios.

Reparta la hoja de actividades "Un gran pueblo", y pida a los jóvenes que contesten las preguntas y luego compartan las respuestas. Déles cinco minutos para que lo hagan y después comparta el punto tres del desarrollo de la lección.

Aplicando la Palabra

Es el tiempo indicado para memorizar Juan 1:12. Después de haber memorizado el versículo, comparta el resumen de la lección.

Antes de concluir, pida que cada uno de los jóvenes diga cómo visualizan ellos a la iglesia perfecta. Después, invíteles a que digan cómo puede el grupo de jóvenes ayudar a que su iglesia sea una "iglesia sin mancha ni arruga" (iglesia perfecta).

Nota: Cuando hablen de la "iglesia perfecta", los jóvenes dirán muchas cosas. Pero tenga en cuenta que la iglesia está formada por personas redimidas, que no dejan de ser seres humanos, y por lo tanto, tienen limitaciones y errores. Sin embargo, la palabra de Dios nos dice que como hijos de Dios podemos vivir sin pecado y cumpliendo con la misión que se nos encomendó, si permitimos que el Espíritu Santo tome el control de nuestras vidas. Este es el punto que debemos resaltar en cuanto a la iglesia perfecta.

Concluyan con una oración, dando gracias a Dios por la oportunidad de ser parte de la iglesia, rogando también por la unidad de ella.

"MAS A TODOS LOS QUE LE RECIBIERON, A LOS QUE CREEN EN SU NOMBRE, LES DIO POTESTAD DE SER HECHOS HIJOS DE DIOS" JUAN 1:12.

NO ES LO MISMO

Lee las siguientes declaraciones y utiliza una línea para relacionarlas con la palabra "Templo" o "Iglesia".

TEMPLO

IGLESIA

1. Se pide reverencia
2. Tiene bancas o sillas
3. Tiene salones de clase
4. Puede estar en una casa
5. Hay hombres y mujeres
6. Puede ser local y universal
7. Allí nos reunimos periódicamente
8. Incluye a niños, jóvenes y adultos
9. Hay de diferentes estilos y tamaños
10. Tiene su origen en el corazón de Dios
11. En su tiempo, Jesús habló de destruirlo
12. Han aceptado a Jesús como su salvador

Lee las siguientes citas bíblicas y distingue en ellas las diferentes características que tiene la iglesia:

Romanos 16:1, 3-5 _____

1 Corintios 10:32 _____

1 Corintios 12:12-13 _____

Efesios 4:4-6 _____

Efesios 5:26–27 _____

1 Pedro 2:9 _____

"MAS A TODOS LOS QUE LE RECIBIERON, A LOS QUE CREEN EN SU NOMBRE, LES DIO POTESTAD DE SER HECHOS HIJOS DE DIOS"

JUAN 1:12.

HOJA DE ACTIVIDADES

"UN GRAN PUEBLO"

Preguntas para discusión:

¿Qué es la iglesia? _____

_____

¿Cuál es el requisito para pertenecer a la iglesia? _____

_____

¿Se puede pertenecer a una iglesia local, pero no a la iglesia universal? Explica.

_____

_____

Lee las siguientes citas bíblicas y distingue en ellas las diferentes características que tiene la iglesia:

Romanos 16:1, 3-5 _____

1 Corintios 10:32 _____

1 Corintios 12:12-13 _____

Efesios 4:4-6 _____

Efesios 5:26 –27 _____

1 Pedro 2:9 _____

"MAS A TODOS LOS QUE LE RECIBIERON, A LOS QUE CREEN EN SU NOMBRE, LES DIO POTESTAD DE SER HECHOS HIJOS DE DIOS" JUAN 1:12.

HOJA DE ACTIVIDADES

Piensa Rápido

"MAS A TODOS LOS QUE LE RECIBIERON, A LOS QUE CREEN EN SU NOMBRE, LES DIO POTESTAD DE SER HECHOS HIJOS DE DIOS"

JUAN 1:12.

I _____

G _____

L _____

E _____

S _____

I _____

A _____

06

¡Cuidado con el Sexo!

David González

DESARROLLO DE LA LECCIÓN

INTRODUCCIÓN

La sexualidad humana es un tema del que se habla muy poco en la iglesia, y en muchos de los casos, es un tema prohibido y controversial. Sin embargo, la sexualidad es un tema de suma importancia e interés para el ser humano, de manera especial para los jóvenes.

Lamentablemente, debemos reconocer que la mayor parte de lo que saben los jóvenes acerca de la sexualidad lo han aprendido en la llamada "escuela de la vida", es decir en la calle, con los amigos, viendo programas de televisión, en la escuela junto a los compañeros de clase, en el barrio, el club, la Internet, etc.

Lo más preocupante de esta enseñanza es que, la gran mayoría de las veces, está muy lejos de lo que Dios diseñó. Pero, ¿cómo podemos conocer lo que Dios tenía en mente con respecto a la sexualidad? La respuesta la encontramos en la Biblia. Veamos qué nos dice al respecto.

1 LA SEXUALIDAD, UN REGALO DE DIOS

Debemos reconocer que la palabra sexo o sexualidad se ha desvirtuado y ha perdido su significado original, concibiéndose como una práctica egoísta, inmoral y exclusivamente placentera.

Sin embargo, hay otra manera de ver las cosas. En el libro de Génesis, en el relato de la creación para ser más precisos, leemos que Dios creó al hombre y a la mujer en forma clara e intencional. Esto quiere decir que la sexualidad fue creada por Dios. Es un regalo que Dios ha dado a cada ser humano, y que sólo podemos distinguir de dos maneras: Hombre y mujer. ¡No hay otra opción!

El Diccionario de la Real Academia de la Lengua Española define al sexo de la siguiente manera: **a)** Condición orgánica que distingue al macho de la hembra en los animales, plantas y seres humanos. **b)** Palabra que designa la sexualidad o conjunto de los fenómenos de la vida sexual.

Podemos decir entonces que, sexualidad es simplemente lo que somos. Aquellas características que nos diferencian como hombre o mujer. También es importante decir que, es natural que al llegar a la adolescencia, el ser humano empiece a tomar conciencia de sí mismo, ya que durante esta edad comienza a definir claramente su personalidad y a descubrir nuevas cosas en cuanto a su propio sexo y el otro. Normalmente estos cambios se hacen visibles primero en las mujeres que en los hombres. Pero estos cambios no sólo son físicos sino que hay otras áreas de la persona que también están cambiando drásticamente.

Por lo anterior, cuando hablamos del ser humano, debemos considerarlo como un todo, y no un ser dividido en partes. Y aun cuando se pueden distinguir claramente las áreas que componen a una persona, éstas se encuentran íntimamente relacionadas entre sí. Veamos cuáles son esas áreas:

Pasajes de estudio: Génesis 1:26-27 y Salmo 139:13-16

Versículo para memorizar: "Y creó Dios al hombre a su imagen, a imagen de Dios los creó; varón y hembra los creó" Génesis 1:27.

Principio bíblico: Dios creó la sexualidad para disfrutar de ella (en el tiempo y lugar apropiado).

Propósito: Que el joven conozca y haga suyo el plan de Dios sobre la sexualidad.

a) Intelectual. Involucra la razón y el pensamiento. Los humanos tienen un intelecto y una voluntad, es decir, la capacidad o habilidad para razonar y decidir.

b) Ético. Todas las personas se tienen que enfrentar a las preguntas referentes a lo bueno y lo malo, lo correcto y lo incorrecto, y desarrollar un código moral que les ayude a tomar decisiones.

c) Físico. El cuerpo es la estructura física dentro de la cual vivimos. Crece y madura más rápidamente que el resto de nuestra persona.

d) Social. Cada persona es parte de una comunidad. Aprende a relacionarse con otras, a desarrollar amistades y a trabajar para el beneficio de las demás personas y de sí misma.

e) Emocional. Las emociones (sentimientos) invaden a toda nuestra persona, y son aquellas reacciones que tenemos ante una situación en particular: alegría, tristeza, dolor, aburrimiento, ira, etc.

UN MAL USO DEL REGALO

La Biblia nos dice que todo lo que Dios creó era bueno, pero cuando se refirió al ser humano, agregó: "en gran manera".

El ser humano (varón y mujer), era perfecto. Sin embargo, vemos que esa perfección se distorsionó, y en esa distorsión se incluyó la sexualidad (Romanos 1:18-32).

Muchas naciones antiguas, incluyendo a los judíos, llevaron su sexualidad a tal grado de degeneración que Dios les destruyó, el ejemplo más claro es: Sodoma y Gomorra. Pero entonces, -¿no es normal que el hombre haga uso de su sexualidad en toda su plenitud? -Sí, pero Dios ha establecido un tiempo para cada cosa. Hacemos uso de nuestra sexualidad desde el mismo momento de nuestro nacimiento, pero el matrimonio es el "marco" en el que la sexualidad puede verse complementada plenamente entre el varón y la mujer, y es una relación en la que existe el compromiso de fidelidad, exclusividad, ayuda mutua, responsabilidad y el elemento más importante, el amor.

La adolescencia es quizá la etapa más vulnerable para el ser humano. Esto debido a que el desarrollo sexual es mucho más diferenciado, por lo que surgen muchas preguntas. La curiosidad puede ser un enemigo muy peligroso, y la tensión sexual que se presenta en esta edad se agrava. Esto es aprovechado por el mundo actual que, con su bombardeo a través de los programas de televisión, anuncios espectaculares, revistas, internet, cine y canciones, todo esto con cada vez mayor contenido sensual y erótico, presiona de una manera terrible a los sentidos y emociones de los adolescentes y jóvenes.

Todo esto ha provocado una corriente de libertinaje sexual que, lejos de ayudar, causa daños muchas veces irreparables en la vida de los jóvenes. Las relaciones sexuales prematrimoniales son cada vez más normales, el adulterio es visto como un simple "resbalón", la homosexualidad es ahora defendida y vista como una opción más, y prácticas como la masturbación son consideradas como necesarias para evitar llegar al punto de tener relaciones sexuales.

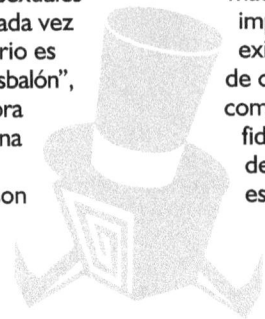

EL REGALO TIENE MANUAL

A diferencia de los animales, que actúan sólo por instintos, el ser humano actúa basándose en su razonamiento y la conciencia.

Además de esos dos elementos, la persona que ha aceptado a Cristo como su salvador ahora tiene la luz de la Palabra. Y precisamente en la Biblia leemos que Dios pedirá cuenta del uso que demos a todo lo que Él nos ha dado (incluyendo el regalo de la sexualidad).

Las siguientes citas nos ayudarán a conocer cuál es la instrucción de Dios en cuanto al disfrute pleno de la sexualidad:

a) Génesis 1:27; 2:18, 22-24. La función sexual en pareja se debe dar exclusivamente en la relación matrimonial heterosexual, o sea, entre un hombre y una mujer.

b) Éxodo 20:14,17; Mateo 5:27; Romanos 13:9; 1 Corintios 6:9-10, 13, 19-20. La fornicación es la relación sexual libre tanto de un hombre como de una mujer, y a la luz de la Palabra es pecado. Esto nos hace comprender que las relaciones sexuales antes del matrimonio son pecado, no importa que entre la pareja exista una clara intención de casarse. El adulterio comprende la violación de la fidelidad sexual de alguno de los cónyuges y también es pecado. La homosexualidad o el lesbianismo, o toda otra forma de corrupción sexual, son vistos por el Señor como pecado (contrarios a su voluntad), ofensivos a su santidad y destructivos espiritual, moral, física y socialmente.

c) Efesios 2:1-10; 1 Corintios 6:11; Romanos 6:6, 11-14. La presión hacia un mal uso de nuestra sexualidad es muy fuerte, pero la Palabra de Dios nos promete que los que hemos aceptado a Cristo como nuestro Señor y Salvador, y permanecemos en Él, el pecado no se enseñoreará de nosotros. Dios nos da el poder para vivir de acuerdo a su voluntad.

d) Gálatas 5:22-23; 1 Juan 5:4-5; 2 Timoteo 1:7 y Colosenses 2:13. No olvidemos también que el Señor nos ha dado espíritu de dominio propio. Es decir, nos capacita para el control espiritual y racional sobre nuestras facultades. Pero ¡cuidado! No es un acto de magia, requiere disciplina y trabajo diario. Pero no estamos solos, Dios es el que lo hace en y por nosotros, trabajando en nuestras vidas, siempre y cuando le demos la oportunidad de hacerlo. Pablo dice le dice a los colosenses "Él produce el querer como el hacer por su buena voluntad" (Colosenses 2:13).

Para concluir, recordemos que nuestra sexualidad define lo que somos. Por tal razón, todo aquel que diga que Dios está en contra del sexo, está en un gran error. Dios creó al ser humano (exclusivamente como hombre o como mujer) y no puede estar en contra de algo que Él creó.

Sin embargo, no debemos caer en el error de pensar que, por esa razón, el sexo es siempre bueno y apropiado. No es así. Si hacemos uso de nuestra sexualidad de forma contraria a la voluntad de Dios estamos pecando. Él ha diseñado un tiempo oportuno. El comer carne o alimento sólido no es malo, pero para un niño de tres ó cuatro meses no es apropiado. Está fuera de tiempo. Tampoco es malo ser madre o padre ni hacer uso de nuestro cuerpo, pero si se hace fuera del tiempo y lugar correcto, será una gran pesadilla.

Dios desea que disfrutemos de nuestra sexualidad plenamente, pero para que en verdad traiga alegría y paz a nuestra vida es necesario hacerlo en el tiempo y lugar correcto según la Palabra de Dios

RECURSOS COMPLEMENTARIOS

Materiales didácticos:

1. Pizarra u hojas para rotafolio
2. Marcadores o tiza (gis o yeso)
3. Biblias
4. Copias de las hojas de actividades y hojas en blanco para cada alumno
5. Lápices o bolígrafos
6. Periódicos
7. Cinta adhesiva (tape, diurex, masquin tape, cinta scotch)

Definición de términos:

Sexualidad. La sexualidad humana procrea vida humana. En esto el hombre y la mujer ejercitan el poder que les ha sido otorgado por Dios y que es en semejanza a Él. Dos personas dan existencia y destino a otra, sin que tal persona lo pida o consienta. Este poder, entregado a nosotros en nuestra libertad, es nuestro para que lo usemos o abusemos de él. Es uno de los dones más serios que Dios nos ha dado. Utilizar este poder irresponsablemente provoca juicio. El uso correcto trae bendición.

Adulterio. Este término se usa en la Biblia para designar el acto voluntario de cohabitación con una persona que no es el cónyuge legal. Se diferencia de fornicación ya que adulterio implica la existencia de votos matrimoniales, en tanto que fornicación es un término que se refiere a toda relación sexual ilícita.

Heterosexual. Inclinación sexual hacia el otro sexo. Hombre-Mujer o viceversa.

Dínámica: "El capullo"

Primero divida al grupo en dos equipos, uno de mujeres y otro de hombres. Diga a cada grupo que escoja a uno de sus miembros para representar el papel de "oruga". Luego cada equipo envolverá su oruga con papel periódico y cinta adhesiva, de manera que no se pueda ver en absoluto la ropa ni la piel de la persona. Cuando las orugas estén bien envueltas en sus capullos, deberán dar saltos hasta llegar a cierta meta, los demás integrantes no podrán ayudarlo, simplemente vigilar que no se caiga y en caso de perder el equilibrio, sostenerlo.

Cuando hayan hecho esto, sus compañeros de equipo empezarán a deshacer los capullos y empezar a envolver al siguiente integrante. Así lo harán hasta que todos los integrantes hayan pasado. El equipo que termine primero (y deposite el periódico en el cesto de basura) es el ganador.

Nota: Si el grupo es grande pueden participar sólo tres personas por equipo.

La lección para...

Abriendo la Palabra

Inicie la sesión con la siguiente aseveración: "Hoy vamos a hablar de un tema muy importante para todos. Hablaremos de la sexualidad".
Después pregunte al grupo: ¿Para ustedes qué es la sexualidad? Compartan las respuestas, pero sin llegar a ninguna conclusión.

Nota: Debe estar consciente que para los adolescentes este es un tema difícil de tocar, y en muchos de los casos surgirán muchas preguntas; sin embargo, también se encontrará con ciertos muchachos que demuestren alguna timidez.

Para hacer más relajado el desarrollo de la lección, puede utilizar la dinámica "El Capullo" que se encuentra en la sección de recursos complementarios de esta lección.

Una vez finalizada la dinámica pregunte: ¿Cómo se sintieron en el juego? ¿Creen que haya sido un factor importante que su equipo haya sido formado exclusivamente por mujeres o por hombres? Haga la transición al desarrollo de la lección con la siguiente aseveración: Es maravilloso ver cómo un organismo como la oruga, puede sufrir tales cambios que la hagan convertirse en una mariposa. Sin embargo, hoy vamos a ver que en el ser humano pasa algo similar o aun más impresionante. Desde el mismo momento de su nacimiento, hombres y mujeres experimentan cambios físicos, emocionales, sentimentales y sociales. A todo esto le llamamos sexualidad.

Profundizando en la Palabra

Lean juntos los pasajes de estudio: Génesis 1:26-27 y Salmo 139:13-16. Luego, exponga el punto uno "La sexualidad, un regalo de Dios". Puede escribir en cinco hojas pequeñas lo que significa cada área del ser humano y repartirlas a cinco adolescentes para que llegado el momento las lean.

En la exposición del punto dos, "Un mal uso del regalo". Haga énfasis en la gran complejidad con la que Dios creó al ser humano. Refuerce la idea que la sexualidad en el ser humano se hace evidente desde el nacimiento y que la relación sexual entre un hombre y una mujer es parte de la sexualidad del ser humano, pero no es el todo. Para trabajar con el punto tres, "El regalo tiene manual", puede usar la actividad "Léase antes de usar" de la hoja de Actividades "Una Sociedad Sexual". Reparta las citas a los adolescentes y conforme vaya exponiendo el punto, pida que las lean.

Luego puede repartir la hoja de actividades "¡Cómo duele crecer!". Dé 10 minutos para que hagan los ejercicios y ayúdeles a contestarlo correctamente.

Aplicando la Palabra

Para entrar en la etapa final de la sesión pregunte: "Entonces, ¿cómo podemos calificar a la sexualidad? ¿Buena o mala?
Permita que los adolescentes compartan las respuestas, sin dar todavía una conclusión. Ahora invite al grupo a trabajar en el pasaje para memorizar.

Una vez que lo aprendieron, concluya con el resumen de la lección. Finalicen con una oración en la que los adolescentes den gracias a Dios por haberlos creado con tal complejidad y perfección, y pidiéndole que les ayude a disfrutar de su sexualidad en cada etapa de su vida.

RESPUESTAS
Hoja de Actividades
¡Como Duele Crecer!

SEXUALIDAD

1- V
2- V
3- F
4- F
5- F
6- V

PARA MEMORIZAR

"Y CREÓ DIOS AL HOMBRE A SU IMAGEN, A IMAGEN DE DIOS LOS CREÓ; VARÓN Y HEMBRA LOS CREÓ"
GÉNESIS 1:27.

La lección para...

Abriendo la Palabra

Debido a que muchos de los jóvenes menores gustan de la competencia, se sugiere utilizar la dinámica "El Capullo", que puede encontrar en la sección recursos complementarios de esta lección. De no ser posible, pida a dos voluntarios que pasen al frente para realizar una competencia de conocimientos. Los voluntarios deberán ser, de preferencia, una mujer y un hombre. De un marcador o tiza (gis o yeso) a cada uno y pídales que escriban en la pizarra la respuesta a la pregunta que les haga. Ganará el que escriba más rápido sus respuestas. Será una serie de cinco preguntas:

1. ¿Cómo te llamas?
2. ¿Cuántos años tienes?
3. ¿Cuál es tu dirección?
4. ¿Cuánto mides?
5. ¿Cuál es tu sexo?

Felicite al que haya acumulado más respuestas correctas.

Una vez que terminó la dinámica, puede decir: "Hoy vamos a hablar de un tema muy importante para todos. Hablaremos del sexo. Y como se podrán dar cuenta, la última pregunta que hice se refiere a esto. Pero, ¿por qué ninguno contestó, - soy virgen o yo he tenido relaciones sexuales varias veces?"

Luego, pregunte al grupo de jóvenes: Para ustedes, ¿qué es el sexo? Compartan las respuestas, sin llegar todavía a ninguna conclusión. Invítelos a ver qué es lo que dice la Biblia al respecto.

PARA MEMORIZAR

"Y creó Dios al hombre a su imagen, a imagen de Dios los creó; varón y hembra los creó" Génesis 1:27.

Profundizando en la Palabra

Lean juntos los pasajes de estudio: Génesis 1:26-27 y Salmo 139:13-16. Después de haber leídos estos pasajes, exponga el punto uno del desarrollo de la lección. En la exposición del punto dos haga énfasis en la gran complejidad con la que Dios creó al ser humano. Refuerce la idea que la sexualidad se hace evidente desde el nacimiento, y que la relación sexual entre un hombre y una mujer es parte de la sexualidad del ser humano, pero no es el todo. Para trabajar con el punto tres se recomienda que hagan una comparación entre lo que dice la Biblia y lo que dice el mundo, respecto a la sexualidad. Para hacer dinámico este punto puede usar la actividad "Dos puntos de vista" de la hoja de actividades "Una Sociedad Sexual". La comparación la pueden hacer de la siguiente manera:

Cita	Perspectiva Bíblica	Perspectiva del Mundo
Génesis 1:27	La relación sexual se debe dar en	Muchos países tienen leyes que
Génesis 2:18	la relación matrimonial entre un	permiten la relación conyugal entre
Génesis 2:22-24	hombre y una mujer.	personas del mismo sexo.

Dé 10 minutos para que lo hagan y compartan las respuestas.

Aplicando la Palabra

Invite al grupo a trabajar en el pasaje para memorizar. Una vez que lo aprendieron, concluya con el resumen de la lección.

Invite a que los jóvenes hagan una declaración de lo que ahora ellos creen acerca de la sexualidad.

Finalicen con una oración dando gracias a Dios por haberlos creado con tal complejidad y perfección, y pidiéndole que les ayude a disfrutar de su sexualidad en cada etapa de su vida.

49

La lección para...

Abriendo la Palabra

Para empezar pida a los participantes que digan lo que creen que significa "vivir en una sociedad sexual".

Escriba las respuestas en la pizarra, y para concluir la discusión inicial, comparta el siguiente comentario: "Vivimos en una sociedad sexual, en primer lugar, porque los que integramos la sociedad, somos seres sexuales.

Por otro lado, también vivimos en una sociedad sexual porque día con día el sexo está presente en nuestras vidas. Y es aquí en donde surge la interrogante: ¿Cómo está siendo presentado el sexo en la actualidad?"

Haga las siguientes dos preguntas al grupo de jóvenes:

a) ¿Cómo pueden distinguir que el sexo está siempre presente en nuestra sociedad? Compartan las respuestas.

b) Para ustedes, ¿qué es el sexo? Compartan las respuestas, pero sin llegar a ninguna conclusión. Invítelos a ver qué es lo que dice la Biblia al respecto.

Profundizando en la Palabra

Lean juntos el pasaje de estudio, Génesis 1:26-27 y Salmo 139:13-16.

Después de haber leído estos pasajes, exponga el punto uno, "La sexualidad, un regalo de Dios". Enfatice que desde el mismo momento de su nacimiento, hombres y mujeres tienen una sexualidad bien definida, manifestándose física, emocional, sentimental, social y moralmente.

En la exposición del punto dos, "Un mal uso del regalo", haga énfasis en la gran complejidad con la que Dios creó al ser humano. Refuerce la idea que la sexualidad se hace evidente desde el mismo momento de nacer, y que la relación sexual entre un hombre y una mujer es parte de la sexualidad del ser humano, pero no es el todo.

Para trabajar con el punto tres, "El regalo tiene manual", se recomienda que hagan una comparación entre lo que dice la Biblia y lo que dice el mundo, respecto a la sexualidad. Utilicen las citas bíblicas que se mencionan en este punto.

Aplicando la Palabra

Invite al grupo a trabajar en el pasaje para memorizar. Una vez que lo aprendieron, comparta el resumen del desarrollo de la lección.

Luego reparta la hoja de actividades "Una Sociedad Sexual" y trabajen en las actividades "Recuerda" y "Dos Puntos de Vista". Compartan sus respuestas y conclusiones.

Para finalizar, dirija al grupo en oración de gratitud por un Dios sabio y lleno de amor quien nos ha creado como seres únicos. Pídanle también su ayuda para vencer cualquier tentación que quiera separarles de su amor, así como del plan que Él diseño para hacer uso de nuestra sexualidad.

RESPUESTAS

Hoja de Actividades

SEXUALIDAD

1- V
2- V
3- F
4- F
5- F
6- V

PARA MEMORIZAR

"Y creó Dios al hombre a su imagen, a imagen de Dios los creó; varón y hembra los creó"

Génesis 1:27.

HOJA DE ACTIVIDADES

Revista Jóvenes de Discipulado #1 - ¡Cuidado con el Sexo!

¡COMO DUELE CRECER!

Piensa y Responde

1. ¿Qué es la sexualidad? _____

_____

_____

_____

2. Menciona al menos cinco cambios que se presentan en el hombre y la mujer al llegar a la adolescencia. _____

_____

_____

_____

"Y creó Dios al hombre a su imagen, a imagen de Dios los creó; varón y hembra los creó"

Génesis 1:27.

Lee cuidadosamente las siguientes afirmaciones y escribe una **V** si es verdadera, o **F** si es falsa.

1. Sexualidad son aquellas características que hacen diferente al hombre y la mujer   (   )

2. Las mujeres empiezan a desarrollarse físicamente antes que los hombres   (   )

3. La sexualidad sólo se manifiesta en el aspecto físico.   (   )

4. El hombre está listo para ser padre a los 13 años.   (   )

5. Es permitido tener relaciones sexuales con tu novio(a), siempre y cuando tengan planes de casarse.   (   )

6. El matrimonio es el lugar y el tiempo señalado por Dios para disfrutar plenamente de la sexualidad   (   )

R E C U E R D A

1. Define en menos de 10 palabras lo que es la sexualidad. _____
   _____
   _____

2. Menciona al menos cinco características que hacen diferentes al hombre y a la mujer. _____
   _____
   _____

3. ¿Qué cambios ocurren en el hombre y en la mujer al llegar a la adolescencia?_____
   _____
   _____

4. ¿Cuándo están listos, tanto el hombre como la mujer, para ser padres? _____
   _____
   _____

5. ¿Cuál es el lugar y el tiempo para que el ser humano disfrute plenamente su sexualidad? _____
   _____
   _____

Revista Jóvenes de Discipulado #1 - ¡Cuidado con el Sexo!

Dos Puntos de Vista

Cita	Perspectiva Bíblica	Perspectiva del Mundo
Génesis 1:27		
Génesis 2:18		
Génesis 2:22-24		
Éxodo 20:14,17		
Mateo 5:27		
Romanos 13:9		
1 Corintios 6:9,10		
1 Corintios 6:13		
1 Corintios 6:19,20		
Efesios 2:1-10		
1 Corintios 6:11		
Romanos 6:6		
Romanos 6:11-14		
Gálatas 5:22, 23		
1 Juan 5:4,5		
2 Timoteo 1:7		
Colosenses 2:13		

"Y creó Dios al hombre a su imagen, a imagen de Dios los creó; varón y hembra los creó"
Génesis 1:27.

LÉASE ANTES DE USAR

Génesis 1:27	Mateo 5:27	Efesios 2:1-10	Gálatas 5:22, 23	1 Juan 5:5
Génesis 2:18	Romanos 13:9	1 Corintios 6:11	1 Juan 5:4	1 Corintios 6:13
Génesis 2:22-24	1 Corintios 6:9,10	Romanos 6:6	2 Timoteo 1:7	Éxodo 20:17
Éxodo 20:14	1 Corintios 6:19, 20	Romanos 6:11, 12	Colosenses 2:13	Romanos 6:13, 14

07

¿De Quién es qué?

Patricia Picavea

DESARROLLO DE LA LECCIÓN

INTRODUCCIÓN

Una de las primeras palabras que aprendemos en nuestros primeros años de vida es "mío". Pero, ¿realmente podemos decir que algo es mío? ¿Tiene sentido esta palabra en boca del ser humano? ¿Podemos decir que somos dueños de algo?

Vivimos en un mundo en el cual impera la filosofía de "lo mío es mío" y "lo suyo es mío". La posesión de las cosas nos da valor y estatus social. Valemos por lo que tenemos y no por lo que somos. Por consiguiente, todos queremos tener más para valer más. Hacemos hasta lo imposible por mantener o alcanzar una imagen ante la sociedad. ¿Hay alguien que puede pronunciar con todo derecho y autoridad la palabra "mío"? Veamos qué dice la palabra de Dios al respecto.

1 **¿SEÑOR O MAYORDOMO?** En esta época, ¿qué viene a nuestra mente cuando decimos señor? La definición que encontramos en el diccionario de la Real Academia Española dice: "Dueño de una cosa; que tiene dominio y propiedad en ella". Este título o nombre describe a una persona que posee o controla a otros, siendo su amo. El señor es quien lo controla todo, es una persona de gran autoridad, poder y posición social. En los escritos bíblicos, la palabra "señor" es la traducción de una variedad de palabras hebreas. Estas palabras en una forma directa o indirecta se refieren a Dios o a Cristo, por esta razón y entendiendo el contexto bíblico es que nosotros llamamos a Dios, Señor.

Por otro lado, ¿quién es un mayordomo? El diccionario de la Real Academia Española define a mayordomo como: "Criado principal de una casa grande; cargo y empleo de mayordomo o administrador".

La mayordomía se refiere a la administración de una casa o asuntos del hogar. La administración es, saber cómo manejar las cosas que están bajo la responsabilidad de quien administra.

La mayordomía en la Biblia no sólo se refiere a lo espiritual; abarca todas las áreas de una persona: su tiempo, sus posesiones, sus relaciones, su trabajo, su cuerpo, su presente, su futuro, sus dones, sus talentos y habilidades.

2 **¿SEÑOR DE QUÉ?** La Biblia nos dice en I Crónicas 29:13-14, que Dios es el dueño de todas las cosas, por lo tanto, nosotros sólo somos mayordomos.

Los siguientes pasajes de la Biblia nos hablan de lo ilimitado del dominio de Dios:

Deuteronomio 10:14; Levítico 25:13; Salmo 24:1; 50:10-12; Hageo 2:8 y Colosenses 1:17. Todas las cosas, visibles e invisibles han sido creadas por Dios y están bajo su control. Rocas, mares, ríos, montañas y seres vivientes, desde el más pequeño hasta el más grande, todos le pertenecen.

3 **¿SEÑOR PARA QUÉ?** En los siguientes dos puntos podemos contestar esta pregunta:

1. Señor para distribuir sus posesiones (I Crónicas 29:12,14). Dios no sólo es dueño de todo, como vimos en el punto anterior, sino que Él es quien lo distribuye. Nada de lo que tenemos nos llega si Él no nos lo da. El hecho de que es Señor para distribuir sus posesiones nos dice que Él las distribuye como quiere.

PASAJE DE ESTUDIO: I Crónicas 29:11-14.

VERSÍCULO PARA MEMORIZAR: "Porque todo lo que hay en el cielo y en la tierra es tuyo. Tuyo es también el reino, pues Tú, Señor, eres superior a todos". I Crónicas 29:11b.

PRINCIPIO BÍBLICO: Dios es el dueño de todo, cada decisión que tomamos en nuestras vidas, se convierte en una decisión espiritual.

PROPÓSITO: Que el estudiante aprenda, en forma práctica y a través del estudio de la Biblia, que Dios es el dueño de todo y cada decisión que tome en cuanto a su vida se convierta en una decisión guiada por Dios.

2. Señor para recibir alabanza y servicio (I Crónicas 29:13-14).

Él es el único merecedor de gloria y honra. Es necesario entender que todo lo que hacemos en nuestra vida debe ser hecho "…como para el Señor y no para los hombres" (Colosenses 3:17).

Todo lo recibimos de Dios, sin merecerlo, para administrarlo por un tiempo (Mateo 25:14-15). Todo nos llega según nuestra capacidad (Mateo 25:14b); comenzando por la vida, la salud, los alimentos, la familia, los amigos y la salvación. Somos deudores a Dios. Todo se lo debemos a Él.

RESUMEN

Después de todo lo visto en los pasajes estudiados, resulta sencillo responder a la pregunta "¿de quién es qué?". Dios es el único señor y dueño de todo, por lo tanto, nada nos pertenece. Esto define claramente nuestro papel como mayordomos de todo lo que Dios, en su misericordia, nos da. Todo lo que recibimos de Dios debe ser devuelto a Él en forma de alabanza y servicio.

RECURSOS COMPLEMENTARIOS

Materiales didácticos:

1. Pizarra u hojas de rotafolio
2. Marcadores o tiza (gis o yeso)
3. Biblias
4. Copias de las hojas de actividades
5. Lápices o bolígrafos

Definición de términos:

Señor: En el judaísmo primitivo, el Señor era percibido como aquel que podía disponer legalmente. Veían el señorío de Dios como creador y sustentador del universo. El Señor fue quien sacó al pueblo de la esclavitud y de allí es merecedor de ser el Señor del pacto.

Jesús utilizó en el Nuevo Testamento el término Señor para referirse al Padre, (Mateo 11:25), mostrando sumisión y obediencia. Estas dos cualidades son las que inspiraron a Pablo a decir que Jesús es el más excelente de todos los nombres y que "toda lengua confesará que Jesús es Señor." Filipenses 2:8-11.

En Mateo 25:14-30, vemos que el Señor es el dueño de todo, y es quien delega o distribuye los bienes entre sus siervos. La forma en que divide los talentos muestra que el Señor conocía a sus siervos, por eso distribuyó a cada uno conforme a su capacidad.

Dinámica: "Asignando Dueño"

Forme tres equipos de tres personas cada uno y pídales a cada equipo que en tres minutos escriban una lista. Las listas pueden ser escritas en la pizarra, en un papelógrafo frente a la clase o en una hoja en secreto por cada equipo. Un equipo escribirá una lista de las 10 cosas que le pertenecen a Dios, otro equipo de las 10 cosas que le pertenecen al ser humano y el tercero de 10 cosas que no tienen dueño. Las listas pueden tener los siguientes títulos "Cosas mías", "Cosas de Dios" y "Cosas de Nadie". Los demás participantes pueden tomar a un equipo en particular y apoyarlo indicando que palabras escribir.

La lección para...

Según la Palabra de Dios, ¿a quién pertenece todo?

Entregue la hoja de actividades "Todo es Tuyo" y Trabajen en ella. Al finalizar, compartan las respuestas, y ayúdeles a reconocer a Dios como el Señor de todo.

Abriendo la Palabra

Para comenzar puede usar la dinámica "Asignando Dueño" que encontrará en la sección de recursos complentarios de esta lección

Aplicando la Palabra

Es importante que el adolescente comprenda que, es mayordomo de todo lo que Dios le da, por lo tanto, debe consultarle en todas las decisiones que tome.

Es un buen momento para memorizar el versículo de I Crónicas 29:11b.

Reparta la hoja de Actividades "Entrega Total". Deles dos minutos para que la lean y la piensen. Luego, haga una oración con ellos, y finalmente, motívelos a que firmen el contrato. Es importante que los demás firmen como testigos. A los que no se atrevan a firmarlo, motívelos para que se lo lleven a su casa, oren en la semana y mediten sobre el tema.

Profundizando en la Palabra

Haga dos columnas en la pizarra. En una de ellas ponga la palabra Señor y en la otra Mayordomo. Pida a los adolescentes que debajo de cada palabra escriban algunas características de ellas. Ayúdeles a redactar una definición para cada una. Use como referencia las definiciones que se encuentran en el punto "¿Señor o Mayordomo?"

Luego, refiérase al pasaje bíblico de estudio. Pida a un adolescente que lo lea en voz alta.

Ahora intercambie las listas que escribió cada grupo al inicio. Pregunte a cada uno de los grupos: "¿Son correctas las cosas que escribió el otro grupo? ¿Cambiarían o agregarían alguna?

Para memorizar

"Porque todo lo que hay en el cielo y en la tierra tuyo. Tuyo es también el reino, pues Tú, Señor, eres superior a todos"

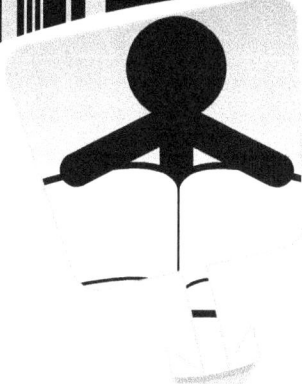

I Crónicas 29:11b.

Hoja de Actividades "Todo es Tuyo"

RESPUESTAS
Sopa de Letras

D	A	E	W	T	P	P	O	M	G	E
S	U	A	M	A	O	E	A	A	D	N
A	E	E	G	C	S	Y	E	Y	S	T
A	D	Ñ	Ñ	E	E	E	D	O	A	R
N	N	I	O	O	S	P	A	R	W	E
T	O	D	V	R	I	T	T	D	W	G
I	M	O	R	N	O	E	N	O	W	A
A	I	N	A	E	N	D	A	M	P	G
S	E	Ñ	O	R	E	Ñ	O	O	P	G
E	N	T	S	S	S	Ñ	Ñ	J	P	H

La lección para...

que pertenecen a Dios según este pasaje.

Luego, vuelva al inicio y analicen las listas que se escribieron. Pregunte: "¿Son correctas las cosas que colocamos debajo de los enunciados de "cosas mías", "cosas de Dios" y "cosas de nadie"? ¿Existen cosas mías, cosas de Dios y cosas de nadie? Según la Palabra de Dios, ¿a quién pertenece todo?"

Entregue la hoja de actividades "El dueño de todo", y trabajen en ella. Al finalizar, compartan las respuestas, y ayúdeles a reconocer a Dios como el Señor de todo.

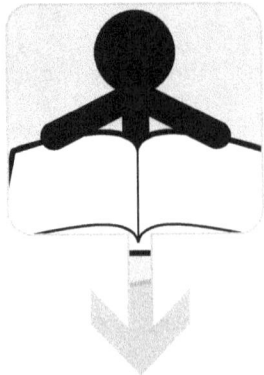

Abriendo la Palabra

Para empezar se sugiere usar la dinámica "Asignando dueño" que encontrará en la sección de recursos complementarios de esta lección.

Una vez que terminen, deje las listas por un momento y lean el pasaje de estudio. Puede usar la hoja de Actividades "En Otras Palabras". Esto ayudará a ampliar el entendimiento del texto.

Si hay algún joven que le guste recitar, pídale, con anterioridad a la clase, que prepare el pasaje y lo recite en este momento.

Aplicando la Palabra

Es importante que el joven comprenda que es mayordomo de todo lo que Dios le da, por lo tanto, debe consultarle en todas las decisiones que tome.

Pídales que piensen en algo que signifique mucho para ellos. Luego, pídales que escriban en un papel en qué forma práctica pueden glorificar a Dios con aquello que pensaron.

Es un buen momento para memorizar el versículo de I Crónicas 29:11b.

Profundizando en la Palabra

Ponga las palabras "señor" y "mayordomo" en una pizarra o en cartulinas. Pregunte qué significan estas palabras. Acérquese con lo que ellos expresen a la definición del diccionario.

Lea cuidadosamente I Crónicas 29:11-14 y enumere las cosas

el contrato. Es importante que los demás firmen como testigos.

A los que no se atrevan a firmarlo, motívelos para que se lo lleven a su casa, oren en la semana y mediten sobre el tema.

Para finalizar, reparta la hoja de Actividades "Entrega total". Déles dos minutos para que la lean y piensen. Luego, haga una oración con ellos, y motívelos a que firmen

> "Porque todo lo que hay en el cielo y en la tierra es tuyo. Tuyo es también el reino, pues Tú, Señor, eres superior a todos"
>
> I Crónicas 29:11b.

Abriendo la Palabra

Comience lanzando el siguiente acertijo:

"Manuel era un joven muy excéntrico, que no se identificaba con ninguna religión y la fe en Dios le era indiferente,-Dios no se mete conmigo, yo no me meto con Él decía.
Un día planeó una actividad al aire libre donde presentaría un proyecto nuevo. Dijo tener todo bajo control, pero inesperadamente ese día amaneció lloviendo, y no dejó de hacerlo en todo el día. Finalmente, decidió cancelar la actividad.
Alguien se le acercó y le dijo - ¿Te crees autosuficiente verdad?
-Sí, yo manejo mi vida y las circunstancias a mi antojo.
Entonces contesta este acertijo: ¿Quién controlaba el mundo antes que Dios lo creara?".

Deje que los alumnos discutan un momento sobre las diferentes respuestas.

Después de unos minutos comente: "Si el mundo no había sido creado, no necesitaba nadie que lo controlara".

Profundizando en la Palabra

Lean el pasaje de estudio. Para hacerlo más dinámico, fotocopie, recorte y reparta a algunos jóvenes las tarjetas de la hoja de Actividades "En otras palabras". Pídales que las lean.

Pregunte: ¿Qué significa señor en nuestros días? ¿Pueden dar algún ejemplo contemporáneo? ¿Qué diferencia existe entre un señor y un mayordomo? ¿Pueden dar algún ejemplo bíblico?

Con todo lo expresado, ayúdeles a llegar a las definiciones de "señor" y "mayordomo" que vienen en el punto uno del desarrollo de la lección.

Ahora, haga que los jóvenes tomen tres minutos para pensar en algunas decisiones que tomaron en el transcurso del mes. Luego pregúnteles: ¿Consultaron a Dios al tomar esa decisión? ¿Cómo afectó esa decisión su relación con Dios? Haga que compartan sus respuestas.

Reparta la hoja de Actividad "Único dueño", contesten las preguntas y compartan las respuestas.

Aplicando la Palabra

Es importante que el joven comprenda que al reconocer a Dios como su Señor está también reconociéndolo como dueño de todo. Por lo tanto, debe consultarle todas sus decisiones.

Es un buen momento para memorizar el versículo de I Crónicas 29:11b.

Para finalizar, reparta la hoja de Actividades "Entrega total". Déles dos minutos para que la lean y piensen. Luego, haga una oración con ellos, y motívelos a que firmen el contrato. Es importante que los demás firmen como testigos. Los que no se atrevan a firmarlo, motívelos para que se lo lleven a su casa, oren en la semana y mediten sobre el tema.

"Porque todo lo que hay en el cielo y en la tierra es tuyo. Tuyo es también el reino, pues Tú, Señor, eres superior a todos"
I Crónicas 29:11b.

HOJA DE ACTIVIDADES

"Todo es Tuyo"

RESPONDE

¿Reconoces normalmente el control de Dios sobre todas las cosas que suceden? Piensa en las semanas anteriores._____

_____

_____

Si no es así, ¿cómo crees que podrías llegar a ser más constante en reconocer que Dios es quien tiene el control de tu vida?_____

_____

_____

Sopa de Letras

Posesiones

Dueño

Señor

Mayordomo

Entrega

Vida

D	A	E	W	T	P	P	O	M	G	E
S	U	A	M	A	O	E	A	A	D	N
A	E	E	G	C	S	Y	E	Y	S	T
A	D	Ñ	Ñ	E	E	E	D	O	A	R
N	N	I	O	O	S	P	A	R	W	E
T	O	D	V	R	I	T	T	D	W	G
I	M	O	R	N	O	E	N	O	W	A
A	I	N	A	E	N	D	A	M	P	G
S	E	Ñ	O	R	E	Ñ	O	O	P	G
E	N	T	S	S	S	Ñ	Ñ	J	P	H

"PORQUE TODO LO QUE HAY EN EL CIELO Y EN LA TIERRA ES TUYO. TUYO ES TAMBIÉN EL REINO, PUES TÚ, SEÑOR, ERES SUPERIOR A TODOS I CRÓNICAS 29:11B.

→ HOJA DE ACTIVIDADES

Contrato, hecho el_____de_____de_____

DE: _____

A: Señor Jesús

Por el presente yo transfiero al Señor Jesús el dominio de: _____

_____

_____

_____

_____

_____

_____

_____

_____

_____

_____

_____   _____   _____

Firma de testigos que me
ayudarán a mantenerme
responsable del reconocimiento
del dominio de Dios de todas
las posesiones arriba
mencionadas.

Firma del que
entrega los bienes

"PORQUE TODO LO QUE HAY EN EL CIELO Y EN LA TIERRA ES TUYO.
TUYO ES TAMBIÉN EL REINO, PUES TÚ, SEÑOR, ERES SUPERIOR A TODOS"
I CRÓNICAS 29:11B.

HOJA DE ACTIVIDADES

'El Dueño de todo'

¿Reconoces normalmente el control de Dios sobre todas las cosas que suceden? Piensa en las semanas anteriores. _____
_____
_____

Si no es así, ¿cómo crees que podrías llegar a ser más constante en reconocer que Dios es quien tiene el control de tu vida? _____
_____
_____

¿Qué te dicen estos pasajes acerca del control de Dios?

Proverbios 21:1 _____
_____

Isaías 40:21-24 _____
_____

Hechos 17:26 _____
_____

"PORQUE TODO LO QUE HAY EN EL CIELO Y EN LA TIERRA ES TUYO. TUYO ES TAMBIÉN EL REINO, PUES TÚ, SEÑOR, ERES SUPERIOR A TODOS"
I CRÓNICAS 29:11B.

HOJA DE ACTIVIDADES

"Único Dueño"

Lee los siguientes pasajes Génesis 45:4-8, Génesis 50:19-20 y Romanos 8:28. ¿Por qué es importante reconocer que Dios es Señor y que Él está en control de todo? _____

_____

_____

¿Alguna vez viviste una experiencia difícil que dejaste en las manos de Dios y Él la transformó para bien? Escríbela y luego compárta con tus compañeros. _____

_____

_____

"Porque todo lo que hay en el cielo y en la tierra es tuyo. Tuyo es también el reino, pues Tú, Señor, eres superior a todos"
I Crónicas 29:11b.

HOJA DE ACTIVIDADES
EN OTRAS PALABRAS

Dios Habla Hoy (I Crónicas 29:11-14)

"¡Tuyos son, Señor, la grandeza, el poder, la gloria, el dominio y la majestad! Porque todo lo que hay en el cielo y en la tierra es tuyo. Tuyo es también el reino, pues tú, Señor, eres superior a todos. De ti vienen las riquezas y la honra. Tú lo gobiernas todo. La fuerza y el poder están en tu mano, y en tu mano está también el dar grandeza y poder a todos. Por eso, Dios nuestro, te damos ahora gracias y alabamos tu glorioso nombre; pues, ¿quién soy yo y qué es mi pueblo para que seamos capaces de ofrecerte tantas cosas? En realidad, todo viene de ti y solo te damos lo que de ti hemos recibido".

Reina Valera Revisión 1960 (I Crónicas 29:11-14)

"Tuya es, oh Jehová, la magnificencia y el poder, la gloria, la victoria y el honor; porque todas las cosas que están en los cielos y en la tierra son tuyas. Tuyo, oh Jehová, es el reino, y tú eres excelso sobre todos. Las riquezas y la gloria proceden de ti, y tú dominas sobre todo; en tu mano está la fuerza y el poder, y en tu mano el hacer grande y el dar poder a todos. Ahora pues, Dios nuestro, nosotros alabamos y loamos tu glorioso nombre. Porque ¿quién soy yo, y quién es mi pueblo, para que pudiésemos ofrecer voluta-riamente cosas semejantes? Pues todo es tuyo, y de lo recibido de tu mano te damos".

Traducción en Lenguaje Actual (I Crónicas 29:11-13)

"¡Dios mío, a ti te pertenecen la grandeza y el poder, la gloria, el dominio y la majestad! Porque todo lo que existe es tuyo. ¡Tú reinas sobre todo el mundo! Tú das las riquezas y el honor, y tú dominas a todas tus criaturas. Tuyos son el poder y la fuerza, y das grandeza y poder a todos. Por eso es que hoy, Dios nuestro, te damos gracias, y alabamos tu nombre glorioso".

Nueva Versión Internacional (I Crónicas 29:11-14)

"Tuyos son, Señor, la grandeza y el poder, la gloria, la victoria y la majestad. Tuyo es todo cuanto hay en el cielo y en la tierra. Tuyo también es el reino, y tú estás por encima de todo. De ti proceden la riqueza y el honor; tú lo gobiernas todo. En tus manos están la fuerza y el poder, y eres tú quien engrandece y fortalece a todos. Por eso, Dios nuestro, te damos gracias, y a tu glorioso nombre tributamos alabanzas. Pero, ¿quién soy yo, y quién es mi pueblo, para que podamos darte estas ofrendas voluntarias? En verdad, tú eres el dueño de todo, y lo que te hemos dado, de ti lo hemos recibido".

La Biblia de las Américas (I Crónicas 29:11-14)

"Tuya es, oh SEÑOR, la grandeza y el poder y la gloria y la victoria y la majestad, en verdad, todo lo que hay en los cielos y en la tierra; tuyo es el dominio, oh SEÑOR, y tú te exaltas como soberano sobre todo. De ti proceden la riqueza y el honor; tú reinas sobre todo y en tu mano están el poder y la fortaleza, y en tu mano está engrandecer y fortalecer a todos. Ahora pues, Dios nuestro, te damos gracias y alabamos tu glorioso nombre. Pero ¿quién soy yo y quién es mi pueblo para que podamos ofrecer tan generosamente todo esto? Porque de ti proceden todas las cosas, y de lo recibido de tu mano te damos".

Juan José Moreno

DESARROLLO DE LA LECCIÓN

INTRODUCCIÓN

¿Cuál es la mejor manera de transmitir un mensaje? Probablemente, la mejor manera de transmitirlo es a través de la música. Muchos han dicho que la música es el lenguaje por excelencia. A través de ella se pueden compartir ideas, sentimientos, estados de ánimo, inquietudes, etc.

Pocas veces reflexionamos acerca de la influencia que tiene la música en nosotros. El escuchar música se ha convertido en una actividad tan cotidiana en nuestra agenda personal, que su mensaje pasa "inadvertido" hacia nuestra conciencia. Tal vez esta sutileza con la que nos habla día con día, es lo que la hace tan "peligrosa".

Analicemos pues, qué tanto influye la música que escuchamos en nuestra relación con Dios, y por consecuencia en nuestras relaciones con los demás.

EL PODER DE LOS SENTIDOS

Cada ser humano cuenta con cinco sentidos en su cuerpo, los cuales son necesarios para subsistir, desarrollarse y mantenerse activo. Cada sentido tiene una función diferente, sin embargo, están relacionados de una manera uniforme, ya que al desestabilizar a uno, provocas la reacción de los demás. Por lo tanto, al hablar del oído como sentido, hay que entender que todo lo que entra por este sentido afectará al resto del cuerpo.

Está comprobado que el "oído" tiene el mismo poder que cualquier otro sentido.

Un sonido desagradable es capaz de hacernos reaccionar desequilibradamente, así como una dulce melodía puede inspirar y evocar los más sublimes sentimientos.

¡A mí no me afecta!

Esta expresión es muy usada por aquellos jóvenes que piensan que a todos, menos a ellos, les pueden pasar cosas negativas en su caminar cristiano (sobre todo cuando se trata de la música). Muchos jóvenes dicen poder escuchar cualquier clase de música, sin ser afectados por ella (1 Corintios 6:12). Pero la Palabra de Dios nos dice que no nos engañemos: "todo lo que el hombre sembrare, eso también segará" (Gálatas 6:7b-8).

La música puede ser un poderoso medio para transmitir un mensaje y en un dado caso, es capaz de manipular nuestros sentimientos. La música es, por excelencia, el lenguaje de la afectividad, de lo que no puede ser expresado con palabras. Es capaz de influir sobre las emociones humanas con más intensidad y rapidez que el resto de las bellas artes.

Es muy común encontrar consultorios en los que promueven la sanidad física a través de la música. Hoy en día, esta técnica conocida como musicoterapia, se usa en el tratamiento de desequilibrios nerviosos, alcoholismo, drogadicción y prevención de suicidios. También influye positivamente sobre el corazón y pulmones. Todo lo que entra por nuestros oídos provoca una reacción en el resto del cuerpo. Un joven que diga, "a mí no me afecta", desconoce o va en contra de su propia naturaleza auditiva y corporal, ya que todo efecto, sea bueno o malo, tiene una causa que lo origina.

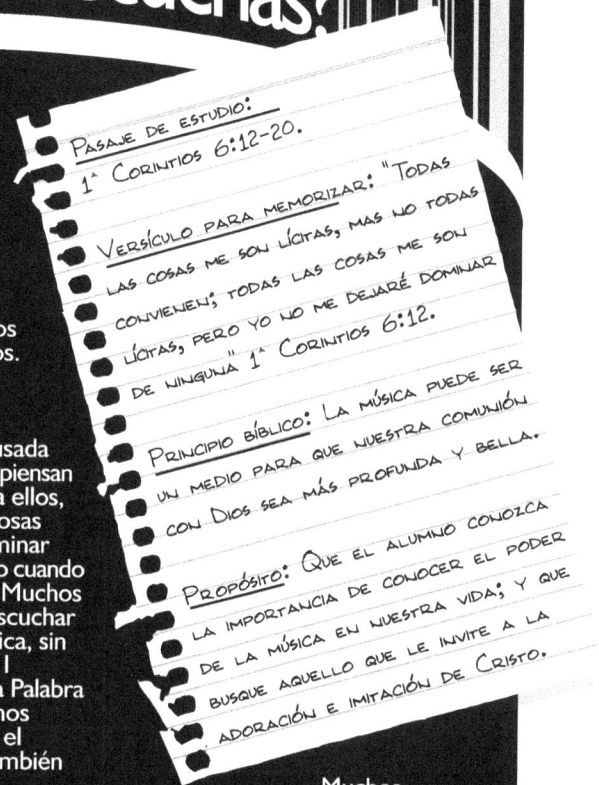

Pasaje de estudio: 1ª Corintios 6:12-20.

Versículo para memorizar: "Todas las cosas me son lícitas, mas no todas convienen"; todas las cosas me son lícitas, pero yo no me dejaré dominar de ninguna" 1ª Corintios 6:12.

Principio bíblico: La música puede ser un medio para que nuestra comunión con Dios sea más profunda y bella.

Propósito: Que el alumno conozca la importancia de conocer el poder de la música en nuestra vida; y que busque aquello que le invite a la adoración e imitación de Cristo.

Muchos jóvenes se relacionan con la música y la abrazan porque transmite un mensaje con el que se sienten identificados. También hay otros jóvenes que dicen escuchar determinada clase de música (canciones), simplemente porque les gusta el estilo de la canción. Pero no se dan cuenta que ese ritmo, esa melodía y esa armonía, están sirviendo de vehículo para transmitirle un mensaje, que en la gran mayoría de los casos va en contra de los principios bíblicos.

PERCIBIENDO LO CORRECTO

Antes de continuar, bien podríamos preguntarnos: ¿es la música buena o mala?

Debemos partir del conocimiento de que Dios ha creado todas las cosas, incluyendo la música. Y todas las cosas fueron creadas buenas y perfectas. No obstante, tampoco podemos pasar de largo que como consecuencia de la caída de Adán y Eva, toda la creación se vio afectada.

De allí que podríamos decir que la música es amoral; es decir, no es buena ni mala en sí misma, sino que depende del propósito con el que fue creada y se usa.

La música puede tener diversos propósitos: La podemos utilizar para divertirnos, para expresar lo que sentimos, para alabar a Dios, para expresar nuestro amor por alguien, para relajarnos, para animarnos, etc.

Sin lugar a dudas, la música tiene un poder de manipulación extraordinario, es por eso que se entregan premios a los mejores temas musicales en las películas o telenovelas. Sería extraño ver una película de terror con música infantil.

No tendría el efecto deseado. O qué pensarían de una película infantil con música seria. ¡Ningún niño la vería! Qué tal una película romántica con una canción de cuna. El contenido debe ir de acuerdo con el acompañamiento o tema.

De allí que cuando hablamos del propósito de la música debemos considerar dos cosas: La forma y el contenido.

En cuanto a la forma o estilo, está comprobado que la exposición constante a decibelios altos, produce enfermedades que trastornan nuestra mente, provoca pérdida de memoria, reflejos bajos, falta de retención, torpeza, etc. Pero además, la música no es sólo sonidos. Dice algo. Las palabras nos provocan algún tipo de reacción. Expresan cosas que hay en nosotros.

En verdad, la música tiene poder. Es por eso que debemos tener mucho cuidado en cuanto al contenido, que es el elemento más importante. Debemos buscar que la música que escuchamos nos edifique y nos lleve a una verdadera adoración a Dios. Y con esto no me refiero a que debe hablar "estrictamente" de Dios, sino que cada palabra debe estar apegada a los principios divinos. La música que escuchamos, ¿está de acuerdo a la voluntad de Dios o simplemente agrada a nuestros sentidos? Si nos dejamos llevar por esto último, entonces podemos caer en una automanipulación, al oír simplemente lo que nos gusta y no lo que nos conviene como hijos de Dios.

EL PODER DE LA PALABRA

Una vez más, debemos recurrir a la norma por excelencia, la Biblia. En ella podemos leer de gente cantando, tocando instrumentos, componiendo canciones, danzando, etc. El libro de los Salmos es un ejemplo bien claro de la importancia de la música en la Biblia.

Hay muchas citas que nos hablan de la música. Por ejemplo: Génesis 4:20-22; Éxodo 15:19-21; Samuel 6:5, 14-15; 1° Reyes 1:39-40; 1°. Crónicas 25:1,6-8; 2° Crónicas 20:15,21; Salmo 33:1-3; Salmo 150; Lucas 15:25-27.

La Biblia también menciona algunos usos equivocados de la música. Por ejemplo, la alabanza a dioses falsos y el caso de fiestas desenfrenadas. Un ejemplo de este mal uso lo vemos en Herodes, quien fue seducido por una danza y ordenó matar a Juan el Bautista.

Tal parece que en este tiempo el control de la música se nos ha escapado de las manos. Los pastores y líderes pasan gran parte del tiempo llamando la atención a los jóvenes para que escuchen música que les edifique. La guerra del ritmo y la mercadotecnia está haciendo un fuerte impacto en nuestros jóvenes. Y hemos caído en el juego de la publicidad, que lo único que hace es vender, sin importar el contenido del mensaje que promueve.

Muy difícilmente escaparemos de la manipulación de la música, a menos que busquemos aquella que nos hace crecer en la fe. Gálatas 5:16 nos invita a que no satisfagamos los deseos de la carne, sino que mas bien busquemos ser guiados por el Espíritu.

Gran cantidad de jóvenes que se han suicidado, fueron influenciados por música que hablaba de muerte. Muchos soldados han dicho que la música que escuchan les ha motivado e inyectado de coraje para pelear. Deportistas aseguran tener terapias musicales para alcanzar un rendimiento óptimo. Y esto es únicamente respecto el sentido del oído, ¿podemos imaginarnos la cantidad de estimulación que sufrimos diariamente al unir nuestros cinco sentidos?

Entonces, ¿qué tipo de música es recomendable escuchar? Debemos dejar en claro que hay música que nos hace sentir mal o pensar mal. Esto es porque va en contra del mensaje y los valores del evangelio de Jesús. Lo cierto es que hay que saber distinguir entre lo que es bueno y lo que es malo.

Las siguientes preguntas nos pueden ayudar a formar un criterio para decidir qué música vale la pena escuchar:

1. ¿Nos ayuda a crecer en nuestra vida espiritual o alimenta los deseos de este mundo?
2. ¿Hay diferencia entre lo que escuchamos y lo que escuchan los que no son cristianos?
3. ¿La música que escuchamos apela más a lo sensual o a lo espiritual?
4. ¿Esta música nos ayuda a escuchar la voz de Dios claramente?

Resumen

Podemos concluir que uno de los medios de comunicación más poderosos es la música. Hablar del poder de la música es algo serio, debemos disponernos a estar abiertos al tema y estar conscientes que tal vez tenemos hábitos que no son correctos.

Usar la música para manipular a las personas se llama pecado. Por el contrario, usar la música para honrar a Dios y que sea Él por medio de su Espíritu quien nos llene, es bendición y significa estar en el camino correcto.

Si la música que escuchamos nos ayuda a crecer a semejanza de Cristo, y a disfrutar de todo lo que Él ha creado, escuchémosla y compartámosla. Si no es así, debemos alejarnos y buscar lo mejor.

La música es como un amigo que viaja con nosotros; y como todos los amigos, ejerce una gran influencia. Nosotros decidimos quién será el que nos acompañe en nuestro viaje.

RECURSOS COMPLEMENTARIOS

Materiales didácticos:

1. Pizarra u hojas para rotafolio
2. Marcadores o tiza (gis)
3. Biblias
4. Copias de las hojas de actividades y hojas en blanco para cada alumno
5. Lápices o bolígrafos
6. Reproductor de casetes o discos compactos
7. Canciones de cantantes famosos (música y letra)
7. Papel lija y terciopelo
8. Un limón

Información complementaria:

Neurofisiología musical. Los ritmos para los que provee la batería o genera la percusión básica producen respuestas mensurables en el sistema muscular del cuerpo, los patrones de ondas cerebrales y los niveles hormonales. Brevemente:

1. La coordinación y el control muscular se sincronizan con la percusión básica.
2. La actividad misma de las ondas cerebrales se alinea con el ritmo así generado.
3. Diversas hormonas (específicamente, las hormonas opiaceas y sexuales) se liberan como resultado de la sincronización electrofisiológica en el ritmo.

El volumen. Cuando la percusión genera niveles altos de excitación sensorial, (esto es, cuando debido a la velocidad del ritmo y el alto volumen de la música, el impacto auditivo se aproxima a la recepción máxima), el cerebro se pone en un estado de tensión. Este estado de tensión se puede medir en la actividad conductora de las ondas cerebrales. Esta actividad conductora ocurre en todas las personas cuando están altamente estimuladas; la evaluación subjetiva de la percepción – tal como si alguien le gusta la música o no – no es un factor. Para forzar la bajada de sus niveles de actividad y conseguir la homeostasis, el cerebro libera las opiatas naturales del cuerpo. Estas opiatas son opiáceos producidos naturalmente, y químicamente son similares a drogas como la morfina. Se utilizan para controlar la sensibilidad del cuerpo al dolor (elevando los umbrales del dolor) y para contrarrestar emociones negativas relacionadas sentidas subjetivamente (sustituyendo la depresión).

En la música también existen peligros ocultos. El equipo utilizado por los diferentes grupos musicales actualmente emite sonidos de niveles infrasónicos y ultrasónicos (por debajo y por encima de la capacidad auditiva) y los científicos están perturbados por la amenaza potencial a la salud que esto representa.

La música en sus diferentes ritmos y cantidad de volumen trae consecuencias físicas y neurológicas. El profesor Aminev, director del Departamento de Psicología en la Universidad de Bashikiria, Rusia, afirmó que los oyentes de heavy metal se ven afectados por los mecanismos psicofisiológicos de la adicción. Si se les aísla de tal música durante una semana, su nivel general de salud baja, se vuelven más irritables, comienzan a temblarles las manos y el pulso se les vuelve irregular.

La lección para...

Abriendo la Palabra

Opción "A": Inicie le sesión poniendo música diversa que a su tiempo provoque cierta reacción en los alumnos. Primero, música con ritmo lento y después, música con ritmo mucho más rápido. Vea cuál es la actitud de los adolescentes.

Opción "B": Utilice el juego de las sillas, el cual consiste en colocar sillas formando un círculo (siempre se coloca una silla menos al número de jóvenes que participan). Luego pone música para que al ritmo de la misma, los adolescentes caminen alrededor de las sillas. Cuando la música se detenga, todos deben buscar una silla y sentarse; el adolescente que no alcance silla quedará fuera del juego. Se continúa el juego (quitando siempre una silla) y se repite la acción hasta que quede solo un joven. Tenga el cuidado de poner la mayor diversidad de música posible. Pregunte: ¿Por qué cuando la música era más rápida, corrían más rápido, y cuando la música era lenta, corrían despacio? (Espere algunas respuestas).

Comente: ¿Creen que la música comunique algo que afecte su estado de ánimo? Anímeles a que compartan sus respuestas.

Antes de pasar al pasaje de estudio, comparta la introducción al desarrollo de la lección.

Profundizando en la Palabra

Lean juntos 1 Corintios 6:12-20. Si el tamaño del grupo lo permite, lean un versículo cada uno. Posteriormente comparta el punto uno, "El Poder de los Sentidos".

Utilice algunos ejemplos que ayuden a los adolescentes a entender el funcionamiento de los sentidos. Por ejemplo: Que algún adolescente pruebe un limón, y que los demás vean la reacción que tiene al probarlo. También puede llevar un pedazo de papel terciopelo y otro de papel lija; déselos a los adolescentes para que lo toquen. Esto les ayudará a comprender cómo es que los sentidos siempre tienen una reacción ante lo que perciben o pasa a su alrededor. De la misma manera la música provoca alguna reacción en ellos.

Una vez que expuso el punto uno, reparta la hoja de actividades "El Aroma de la Música". Déles algunos minutos para que trabajen individualmente y luego compartan los resultados de esta evaluación. Esta hoja de actividades no tiene una escala de valor comparativa, ya que su propósito no es clasificar a los adolescentes en un determinado grupo, sino conscientizarlos de la clase de música que están escuchando.

Ahora, comparta los puntos dos y tres, "Percibiendo lo Correcto" y "El Poder de la Palabra".

Aplicando la Palabra

Antes de concluir la lección memoricen 1 Corintios 6:12; una manera de asegurarse de que lo aprendieron, es pedirle a cada adolescente que lo diga cantando. Pueden inventar la melodía y ritmo que deseen.

Comparta el resumen de la lección y finalice con una oración.

"TODAS LAS COSAS ME SON LÍCITAS, MAS NO TODAS CONVIENEN; TODAS LAS COSAS ME SON LÍCITAS, PERO YO NO ME DEJARÉ DOMINAR DE NINGUNA"

1° CORINTIOS 6:12.

La lección para...

Abriendo la Palabra

Inicie le sesión formando dos grupos. Cada grupo deberá escribir una pequeña canción. El tema a desarrollar para los dos grupos es "la paz". Un grupo la dirigirá a un público infantil y el otro a un público juvenil.

Déles de cinco a 10 minutos para trabajar en la canción, y posteriormente, que cada grupo la presente al "público".

Una vez que presentaron las canciones, pregunte: ¿En qué se basaron para escribir la letra y la música de la canción? Anímeles a que compartan sus respuestas y después comparta la introducción al desarrollo de la lección.

Profundizando en la Palabra

Lean el pasaje de estudio y a continuación comparta el punto uno, "El Poder de los Sentidos".

Pida a los jóvenes que den algunos ejemplos del funcionamiento de los sentidos. Por ejemplo: ¿Cómo reacciona el sentido de la vista al entrar a una habitación limpia y cómo reacciona ante una habilitación sucia? Esto les ayudará a comprender cómo es que los sentidos siempre tienen una reacción ante lo que perciben o pasa a su alrededor. De la misma manera la música provoca alguna reacción en ellos.

Una vez que expuso el punto uno, reparta la hoja de actividades, "El Aroma de la Música". Déles algunos minutos para que trabajen individualmente y luego compartan los resultados de la evaluación. En esta hoja de actividades no se utiliza ninguna escala de valor comparativa, ya que su propósito no es obtener una calificación aprobatoria, sino conscientizar al joven en que debe tener cuidado con la clase de música que escucha.

Ahora sí puede compartir los puntos dos y tres ("Percibiendo lo Correcto" y "El Poder de la Palabra"). Para hacer más participativo el punto tres, utilice la hoja de actividades "La Música en la Biblia".

Aplicando la Palabra

Este es el tiempo indicado para memorizar 1 Corintios 6:12. Cuando todos (o al menos la mayoría) lo hayan aprendido, comparta el resumen de la lección.

Para evaluar prácticamente el aprendizaje de los jóvenes, haga el siguiente ejercicio: Ponga canciones de grupos musicales que estén de moda. Después, dialogue con los jóvenes acerca del tema de las canciones. De preferencia déles copias de la letra de las canciones. Esté preparado por si existen diferencias entre los jóvenes, en cuanto al contenido de las canciones.

Para finalizar, pida a uno de los jóvenes que haga una oración, agradeciendo a Dios por haber creado la música, y pidiéndole que les ayude a tomar buenas decisiones en cuanto a la música que escucharán a partir de este día.

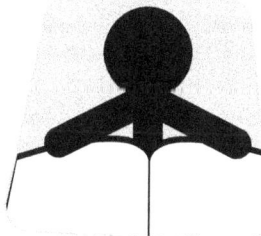

"Todas las cosas me son lícitas, mas no todas convienen; todas las cosas me son lícitas, pero yo no me dejaré dominar de ninguna"

1ª Corintios 6:12.

Abriendo la Palabra

Inicie le sesión entregando a cada joven la hoja de actividades, "Examen Musical". Déles cinco minutos para trabajar en esta actividad, y posteriormente, pida a cada joven que comparta sus opiniones.

Sin dar todavía una respuesta "definitiva" a las preguntas anteriores, comparta la introducción a la lección.

Profundizando en la Palabra

Lean el pasaje de estudio y a continuación comparta el punto uno, "El Poder de los Sentidos".

Pida a los jóvenes que den algunos ejemplos del funcionamiento de los sentidos. Por ejemplo: ¿cómo reacciona el sentido de la vista al entrar en una habitación limpia y cómo reacciona ante una habitación sucia? Esto les ayudará a comprender cómo es que los sentidos siempre tienen una reacción ante lo que perciben o pasa a su alrededor. Ayúdeles a comprender que de la misma manera, la música provoca reacciones en ellos.

Luego, puede compartir los puntos dos y tres ("Percibiendo lo Correcto" y "El Poder de la Palabra"). Para hacer más participativo el punto tres, utilice la hoja de actividades, "La Música en la Biblia".

Para evaluar en forma práctica el aprendizaje de los jóvenes, haga el siguiente ejercicio: Ponga las canciones que previamente seleccionó y dialogue con los jóvenes acerca del tema de las canciones. Analicen las canciones considerando el contenido y la forma. Esté preparado por si existen diferencias de opinión entre los jóvenes, en cuanto a si determinada canción es buena o mala.

Aplicando la Palabra

Este es el tiempo indicado para memorizar 1 Corintios 6:12. Una vez que lo hayan aprendido, pregunte: ¿Cómo aplican este versículo a la música que escuchan? Permita que alguno de los jóvenes responda a esta pregunta. A continuación, comparta el resumen de la lección.

Finalmente, anime a los alumnos a que durante esta semana escuchen diversas canciones que pasan en la radio o en la televisión. Pídales que analicen la letra. ¿El mensaje que transmite está de acuerdo con el evangelio de Jesús? Sería bueno que para la próxima reunión lleven las letras y las compartan con los demás compañeros. Estoy segura de que se llevarán una gran sorpresa de todo lo que están escuchando.

Concluya con una oración, agradeciendo a Dios por la música, y comprometiéndose a usarla como un medio para profundizar su relación con Dios.

> "Todas las cosas me son lícitas, mas no todas convienen; todas las cosas me son lícitas, pero yo no me dejaré dominar de ninguna"
>
> 1ª Corintios 6:12.

HOJA DE ACTIVIDADES

"El Aroma de la Música"

Alguien ha dicho: "Eres lo que lees, eres lo que escuchas, eres lo que ves". Creo que tienen toda la razón. Pero sería un poco más fácil entenderlo con el siguiente ejercicio:

Imagina que eres un frasco vacío, listo para ser llenado por algún líquido o sustancia. De acuerdo a las siguientes preguntas, evalúa qué tipo de música está entrando a tu "frasco". Música que huele mal o perfume que agrada a Dios. Utiliza la escala del 1 (menor grado) al 10 (mayor grado) debajo de cada pregunta o afirmación. Haz un círculo en el número que piensas es tu respuesta.

Huele mal   **Perfume de Olor Agradable**

¿Podrías, con toda confianza, compartir con tus padres la música que escucha?

1   2   3   4   5   6   7   8   9   10

Si estuvieras compartiéndole la Palabra a algún amigo, ¿podrías invitarle a escuchar la música que te gusta?

1   2   3   4   5   6   7   8   9   10

No te dejas guiar sólo por el ritmo y la melodía, también consideras la letra.

1   2   3   4   5   6   7   8   9   10

Normalmente la música en la televisión va acompañada de videos. ¿Estás seguro que las imágenes que ves no están en contra de la voluntad de Dios?

1   2   3   4   5   6   7   8   9   10

¿Prefieres escuchar música cristina a la secular?

1   2   3   4   5   6   7   8   9   10

¿Crees que la música que habla de violencia o inmoralidad sexual no es buena?

1   2   3   4   5   6   7   8   9   10

"Todas las cosas me son lícitas, mas no todas convienen; todas las cosas me son lícitas, pero yo no me dejaré dominar de ninguna" 1° Corintios 6:12.

HOJA DE ACTIVIDADES

"Examen Musical"

Preguntas para discusión:

1. ¿Qué es la música para ti? _____
    _____
    _____

2. ¿Cuál es tu tipo preferido de música? _____
    _____
    _____

3. Menciona al menos 10 cantantes famosos _____
    _____
    _____

4. ¿Crees que la música es buena o mala? _____
    _____
    _____

5. ¿Piensas que determinado estilo de música puede comunicar también un estilo de vida? _
    _____
    _____

6. ¿Se pueden separar la letra y la música de una canción? _____
    _____
    _____

"Todas las cosas me son lícitas, mas no todas convienen; todas las cosas me son lícitas, pero yo no me dejaré dominar de ninguna" 1ª Corintios 6:12.

HOJA DE ACTIVIDADES

"La Música en la Biblia"

¿Qué dicen los siguientes pasajes en cuanto a la música?

Génesis 4:20-22 _____

Éxodo 15:19-21 _____

2° Samuel 6:5, 14-15 _____

1° Reyes 1:39-40 _____

1°. Crónicas 25:1,6 8 _____

2° Crónicas 20:15,21 _____

Salmo 33:1-3; 150 _____

Lucas 15:25-27 _____

Filipenses 4:8 _____

"Todas las cosas me son lícitas, mas no todas convienen; todas las cosas me son lícitas, pero yo no me dejaré dominar de ninguna"

1° Corintios 6:12.

09

¿Quién Dicen que soy yo?

David González

DESARROLLO DE LA LECCIÓN

INTRODUCCIÓN

Si tuviéramos que hacer una lista con los 10 personajes o líderes más sobresalientes de la historia, ¿quiénes estarían en esta lista? Quizás Martin Luther King, Pelé, George Bush, Hitler, Maradona, etc. Elaborar la lista sería muy difícil; sin embargo, estoy seguro que hay un nombre en el que todos coincidiríamos: Jesús. Pero, ¿en realidad fue Jesús simplemente un gran líder, un gran maestro, un revolucionario, o un filósofo? ¿Usted quién dice que es Jesús? Le suena familiar esta pregunta. Veamos qué dice Mateo 16:13-16.

¿QUIEN DICE LA GENTE QUE ES JESÚS?

El contexto del pasaje de estudio es el siguiente: Jesús ya había pasado un buen tiempo entre la gente. Iba por las aldeas y pueblos enseñando, predicando, sanando y haciendo señales y milagros. Sin embargo, Él sabía que muchos sólo le seguían por interés, otros por curiosidad y algunos más, buscando ocasión para ridiculizarlo y hacerle caer. Al inicio del capítulo 16 leemos que la gente "le pedía más señales". Pero algo que nos queda claro es, que le pedían más señales para que les probara que realmente Él era el Mesías, pues no tenían una relación tan cercana como para saber quién era Él. Y prueba de ello es que muchos de los que le seguían y le "alababan", tiempo después, gritaban: "Crucifícale".

Es en estas circunstancias en las que Jesús hace la pregunta a sus discípulos: "¿quién dice la gente que soy Yo?" Los discípulos contestaron:
-Algunos dicen que eres Juan el Bautista, y otros dicen que eres el profeta Elías o Jeremías, o alguno de los profetas.

Así como en ese tiempo, ahora también mucha gente ha escuchado de Jesús, pero, ¿realmente sabrán quién es Él? ¿Qué es lo que dice la gente acerca de Jesús?

¿Es Jesús un personaje de la historia?

Esta pregunta ha causado polémica desde hace mucho tiempo. Muchos niegan a Jesús, argumentando que históricamente "no hay" prueba alguna de su existencia. Sin embargo, hay mucha más evidencia sobre la historicidad de Jesús, que sobre cualquier otro personaje aceptado por la historia universal.

Hay algunos requisitos para que una persona o evento sea considerado universalmente histórico. Estos son: que hayan sucedido o vivido en un tiempo y espacio determinado, y que tuvieran una relevancia social.

En ese sentido, nadie puede negar que Jesús estuvo en esta tierra, que nació en un lugar llamado Belén, y que su persona fue relevante en la sociedad de su época y la nuestra (Mateo 2:1).

Hay varios historiadores que mencionan a Jesús como un personaje que realmente existió. Por ejemplo, Flavio Josefo; historiador judío que en sus escritos habla de un hombre llamado Jesús. También tenemos los escritos de Cornelio Tácito; que fue el hombre que narró la historia de Nerón, emperador romano, y en uno de los pasajes hace referencia a la crucifixión de Jesús y de la existencia de cristianos en Roma.

Más que un personaje histórico

Pero no podemos quedarnos simplemente con el Jesús histórico. ¡Jesús va más allá de la historia! No puede ser limitado al tiempo o al espacio. Es más que un concepto o definición. Y esto es lo que muchos no comprenden. Desearían que Jesús pudiera ser llevado a un laboratorio, ser expuesto al lente de un microscopio y ser analizado célula por célula.

Muchos grupos como los testigos de Jehová, los mormones, los musulmanes y otros grupos filosófico-religiosos, conciben a Jesús como un personaje histórico, un profeta, un gran sabio, alguien así como Sócrates, Platón, o aun como un líder que intentó llevar al pueblo de Israel a liberarse del imperio romano. Pero Jesús es el Dios-hombre. Jesús es Dios mismo, y es aquí en donde muchos dejan de creer en Jesús.

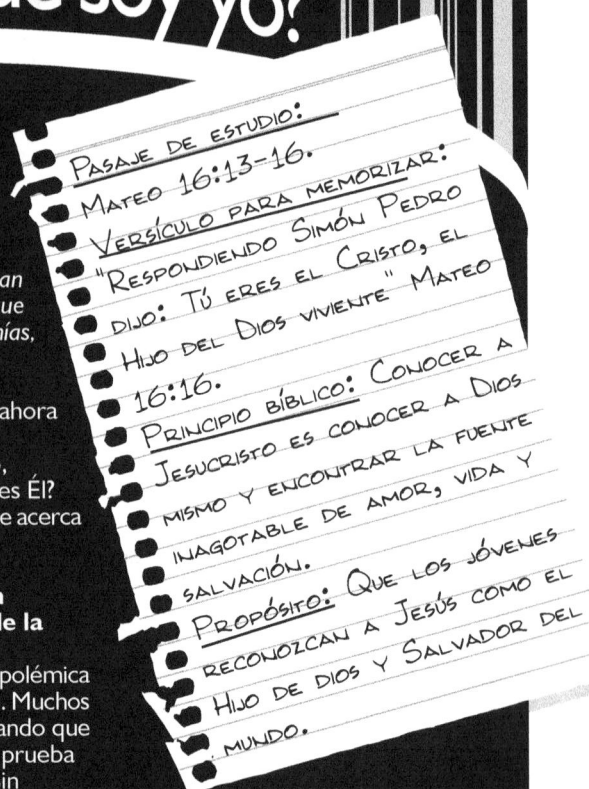

PASAJE DE ESTUDIO: Mateo 16:13-16.

VERSÍCULO PARA MEMORIZAR: "Respondiendo Simón Pedro dijo: Tú eres el Cristo, el Hijo del Dios viviente" Mateo 16:16.

PRINCIPIO BÍBLICO: Conocer a Jesucristo es conocer a Dios mismo y encontrar la fuente inagotable de amor, vida y salvación.

PROPÓSITO: Que los jóvenes reconozcan a Jesús como el Hijo de dios y Salvador del mundo.

Un dato importante es que, tan reconocida y aceptada es la historicidad de Jesucristo, que nuestra historia está divida en antes y después de Cristo.

2 ENTONCES, ¿QUIÉN ES REALMENTE JESÚS?

¡La pregunta sigue en el aire! Sabemos que el tema central de los evangelios es Jesús, pero no sólo los evangelios nos hablan de Él, toda la Biblia lo hace. Desde el primer capítulo del libro de Génesis hasta el último capítulo de Apocalipsis.

Desde la creación, se hace referencia al Hijo, y el Evangelio de Juan lo confirma al citar, *"En el principio era el Verbo, y el Verbo era con Dios, y el Verbo era Dios (San Juan 1:1)"*. En el mismo libro de

Génesis (3:15), Dios promete redención al hombre y hace referencia al misterio que había de estar oculto por los siglos y las edades, pero que en la figura de Jesucristo había de revelarse perfectamente. Mateo lo describe como, "Dios con nosotros", Dios hecho hombre

Tenemos muchísimos pasajes que nos hablan de Jesús, son confirmados por la misma Biblia y, aunque mucha gente las ha buscado, ¡no hay contradicciones!

Por lo tanto, en la Biblia encontramos la respuesta perfecta a quién es Jesús.

Jesús, es el Hijo de Dios, la segunda persona de la Trinidad. Y como Hijo de Dios, participa de la misma esencia del Padre y del Espíritu Santo. Es por tanto, santo en su carácter.

Sus atributos y cualidades son identificables: Eterno, omnipresente, omnisciente, omnipotente, inmutable, infinito, justo, amoroso y bondadoso. Y lo más significativo para aquellos que deseamos vivir en comunión con Dios, Jesucristo es el camino, la verdad y la vida (Juan 2:24-25; 14:6).

Jesucristo es Dios mismo buscando al hombre y haciéndose como él, despojándose de todo lo que por naturaleza le pertenecía. Es decir, aun cuando su esencia y carácter divinos no cambiaron, fue completamente humano. Eligió ser un siervo de Dios obediente, sabiendo que esa obediencia lo llevaría a la cruz del Calvario. Por tanto, cuando Jesucristo "se despojó a sí mismo", se identificó con nosotros. Tuvo las mismas necesidades de cualquier ser humano, sufrió, lloró, sintió y fue tentado como nosotros, pero no pecó (Hebreos 4:14-16). Y aun cuando fue completamente humano, su naturaleza como Hijo de Dios, quedó intacta.

Jesús es la mayor prueba del poder de Dios, pero sobre todas las cosas, de su amor por nosotros. ¿Por qué?

Bueno, porque envió a su único Hijo a redimir a la humanidad que se perdía como consecuencia del pecado. Y mediante el sacrificio voluntario de Jesús reconciliar al hombre con Dios (Juan 3:16).

3 UNA PREGUNTA QUE PIDE UNA RESPUESTA PERSONAL

Al regresar al pasaje de estudio, vemos que Jesús les hace a sus discípulos una segunda pregunta, *"Y ustedes, ¿quién dicen que soy?"*. El hecho de que Jesús les preguntara esto no era porque no estuviera seguro de sí mismo, sino que deseaba escuchar de boca de sus propios discípulos lo que Él era para ellos.

Esta es la pregunta que Jesús nos hace el día de hoy. *-¿Quién soy YO para usted? ¿Un personaje de la historia, un profeta, un líder religioso, un revolucionario, un hombre que vivió fuera de su época?* Pedro contestó: "Tú eres el Cristo, el Hijo del Dios viviente" (verso 16).

Así como en aquel tiempo, la gente en nuestros días sigue negando a Jesús, su divinidad, su señorío y su presencia. Sólo le recuerdan en días como Navidad y Semana Santa, y de hecho, lo usan como pretexto para dar rienda suelta a sus emociones, y en muchos de los casos, sus deseos inmorales. También, mucha gente dice creer en Él, pero sus actitudes demuestran todo lo contrario, y para justificarse piden más señales.

La buena noticia es que Él quiere ser nuestro salvador, nuestro amigo, nuestro Señor, y no simplemente un personaje de la historia, un hombre bueno o un líder religioso. Él quiere que por fe nos acerquemos para conocerlo. No es creer algo "inventado" o una simple teoría. Él es real.

RESUMEN

Después de haber estudiado un poco sobre la persona de Jesús, podemos decir que Él es más que un personaje de la historia. Colosenses 1:15 nos dice que es Dios mismo, que por Él fueron creadas todas las cosas y que por Él todas las cosas subsisten.

También creemos que, *"Jesús es el mismo ayer, y hoy y por los siglos" (Hebreos 13:8)*. Él no cambia, sigue siendo el Hijo de Dios, el Salvador del mundo, el Mesías prometido. Y hay una gran promesa para todo aquel que crea esto: "Más a todos los que le recibieron, a los que creen en su nombre, les dio potestad de ser hechos hijos de Dios (Juan 1:12)".

73

Materiales didácticos:

1. Pizarra u hojas de rotafolio
2. Marcadores o tiza (gis, yeso)
3. Biblias
4. Copias de las hojas de actividades
5. Lápices o bolígrafos
6. Hojas de papel
7. Una naranja u otra fruta

Definición de términos:

Cristo: Palabra de origen griego que significa "ungido". Llegó a ser el título reconocido por los discípulos cuando se referían a Jesús y regularmente se adjuntaba con Jesús (Jesucristo).

Mesías. El equivalente de "Cristo" en arameo.

Omnipresencia. Significa que Dios está presente en todo lugar al mismo tiempo.

Omnisciencia. Se refiere al conocimiento perfecto de Dios. Él sabe todo lo que puede ser sabido. Él sabe exactamente cómo sucede todo, en el pasado, presente y futuro.

Omnipotencia. Aquella perfección de Dios por virtud de la cual Él puede hacer todo lo que desea.

Eterno. Sin términos de tiempo. No está sujeto al tiempo. En el caso de Dios, que no tiene principio ni fin.

Infinito. Que no tiene límites, ni de tiempo, ni de espacio.

Inmutable. Se refiere a la naturaleza inalterable de Dios. Un ser perfecto no crece ni declina en ningún aspecto.

Información complemetaria:

1) Fuentes no cristianas de la existencia de Jesús

Existen referencias históricas acerca de Jesús, y aun cuando no son muchas, su importancia y credibilidad no dejan lugar a dudas.

El historiador judío Flavio Josefo menciona brevemente a Jesús, y es probable que el texto original se haya referido a Él como un maestro y supuesto obrador de milagros que atrajo muchos seguidores y fue crucificado por Pilato (Ant. 18.64). Además, podemos encontrar que el Talmud hace alusión a Jesús, en la mayor parte de los casos basada solamente en conjeturas, no añaden detalles históricos, con excepción de la declaración de que fue colgado cerca de la pascua, después del juicio correspondiente, como hechicero y como uno que "llevó a Israel al engaño".

También Cornelio Tácito, historiador romano de mediados del siglo I d.C., al narrar la historia de Nerón, hace mención de la crucifixión de Jesús en Judea por orden de Poncio Pilato durante el reinado de Tiberio, y de la existencia de cristianos en Roma (Tácito, Anales 15.44). Otras referencias romanas mencionan a Jesús como figura histórica, como por ejemplo: Suetonio (120 d.C.) quien hace referencia a conflictos que se produjeron en la comunidad judía de Roma debido a la predicación cristiana a mediados del primer siglo.

Tal vez la descripción más clara, hecha por alguien no cristiano, fue hecha por Plinio el Joven, gobernador de Bitinia en Asia Menor (112 d.C.), quien en una de sus cartas expresa su deseo de frenar la predicación cristiana aplicando la fuerza. Reconoce sin embargo, que el único "delito" es no adorar a sus dioses y reunirse el primer día de la semana celebrando a Cristo.

"Las pruebas no cristianas sustentan el hecho de la existencia de Jesús, su atracción popular, su ejecución, y la fecha aproximada (Pilato desempeñó su cargo en Judea en 26–36 d.C.)".

2) Fuentes cristianas de la existencia de Jesús

Por supuesto, la mayor parte del material histórico está basado en los evangelios. Su propósito primario evidentemente fue recopilar los hechos, y en ellos podemos ver el pensamiento y el propósito de cada autor individual en la forma en que presentaron su material, esencialmente se preocuparon de transmitir una tradición cuidadosamente preservada de las palabras y los hechos de Jesús.

También tenemos los testimonios de los cristianos del primer y segundo siglo que han dejado garantía de la fiabilidad de los evangelios, entre ellos tenemos a: Policarpo, Eusebio, Ireneo, Ignacio, Justino, Orígenes, etc.

Dinámica: "Prueba y Verás"

Materiales: Una naranja o cualquier otra fruta que tenga cáscara.

Instrucciones: Empiece a quitarle lentamente la cáscara a la fruta. Probablemente haya expectación por lo que está haciendo. Una vez que la fruta esté sin cáscara, empiece a comerla. Entonces, pregunte ¿Está dulce o agria? Algunos intentarán adivinar, pero en realidad no lo saben porque no la han probado.

La lección para...

Adolescentes (12 - 15 años)

Abriendo la Palabra

Con suficiente tiempo de anticipación pida a un(a) adolescente que le ayude a realizar una dinámica. Para ello tendrá que hacer una lista de algunos detalles significativos; como su estatura, edad, comida favorita, grado de estudios, cuántos hermanos tiene, alguna anécdota personal, momentos difíciles, recuerdos de la infancia, etc.

Con toda la información que "el(la) voluntario(a)" le haya proporcionado, deberá redactar algunas oraciones que deberán ser falsas o verdaderas.

Al iniciar la reunión, usted presentará al "voluntario" con el grupo de jóvenes y les dirá: «El día de hoy vamos a ver qué tanto sabemos de (nombre del voluntario/a). Les leeré algunas declaraciones y ustedes me dirán si es verdadero o falso».

Probablemente los jóvenes se llevarán una gran sorpresa, pues muchos de los detalles sobre el voluntario serán nuevos para ellos. Sería bueno que diera un pequeño incentivo a aquel adolescente que haya acertado a más preguntas.

Profundizando en la Palabra

Comente: «Hoy hemos visto que aunque parecía que conocíamos muy bien a (nombre del voluntario/a), hay muchas cosas que no sabíamos de él(ella). En esta lección vamos a contestar a la pregunta que alguien hizo hace casi 2000 años: "Y ustedes, ¿quién dicen que soy yo?"»

Invite a los jóvenes a leer juntos Mateo 16:13-16. Una buena opción para la lectura es que divida al grupo de la siguiente manera: Uno será el narrador, otro Jesús, otro Pedro y el resto del grupo los discípulos. Después de la lectura, comparta el punto uno del desarrollo de la lección. Si cuenta con una cámara de video o una grabadora, pregunte al azar a gente que se encuentre en la calle, ¿quién es Jesús? Pida a los entrevistados que le digan su edad y profesión o grado de estudios. Vea o escuche con su grupo de adolescentes lo que la "gente" dice de Jesús

Luego comparta el punto dos. Puede usar la hoja de actividades ¿Cuánto sabes de Jesús? Déles 10 minutos para completar los ejercicios y posteriormente compartan las respuestas. Una vez que han dado una respuesta bíblica a la pregunta, ¿quién es Jesús? lleve al grupo de adolescentes a comprender que esta pregunta requiere una respuesta personal. Hágalo al

Aplicando la Palabra

compartir el punto tres del desarrollo de la lección.

La respuesta que dio Simón Pedro, fue con absoluta convicción personal. Invite al grupo a memorizar este versículo y que al decirlo, lo hagan conscientes de que ésta debe ser también una respuesta consciente y personal.

Luego, confronte a cada adolescente a evalua su relación con Jesucristo. ¿Es en realidad su salvador o es simplemente un personaje del cual han escuchado muchas veces en la iglesia? Para ayudar al adolescente a tomar una decisión por Cristo, puede utilizar la dinámica "Prueba y Veras" que puede encontrar en la sección de recursos Complementarios de esta lección.

Comente: "Cuando hablamos de conocer o saber quién es Jesús, necesitamos probarlo. Necesitamos dar ese paso de fe para conocerlo. El Espíritu Santo nos guía a toda verdad. Es decir, a conocer a Jesucristo. Pero no es un conocimiento intelectual, sino de experiencia".

Si hay algún adolescente que desee conocer personalmente a Jesús como su salvador, ayúdele a hacer una oración de fe en la que pidan perdón por sus pecados y manifieste su deseo por seguir y obedecer a Jesús.

RESPUESTAS

Hoja de Actividades
¿Cuánto Sabes de Jesús?

¿Quién es Jesús?

El Hijo de Dios	Juan 1:14; Mateo 3:17
El único camino para llegar a Dios	Juan 14:6
El Salvador del mundo	Mateo 1:21
El Mesías prometido	Deuteronomio 18:15; Mateo 1:22-23
Cordero de Dios	Juan 1:35
Admirable y Príncipe de Paz	Isaías 9:6

¿Cómo es Jesús?

Santo	1ª Pedro 2:22; Hebreos 7:26
Inmutable	Hebreos 11:12 y 13:8
Omnipresente	Mateo 18:20; 28:20'
Omnisciente	Mateo 11:27; Juan 2:23-25; Colosenses 2:3
Omnipotente	Mateo 28:18
Amor	Mateo 20:28
Justo	Hebreos 1:8
Misericordioso	Marcos 2:5,10,11
Eterno	Juan 8:58; 17:5; Apocalipsis 22:13; Hebreos 1:8

Un poco de historia . . .

1. En Belén de Judea
2. Como a los 30 años (Lucas 3:23)
3. Casi tres años. Según Lucas 3.23, Jesús tenía unos treinta años de edad cuando comenzó su ministerio y, de acuerdo con el Evangelio según Juan, su ministerio pudo durar unos dos años y medio. Llegamos a esta conclusión porque Juan menciona claramente tres Pascuas durante el ministerio de Jesús (Juan 2:13–23; 6:4; 7:2; 10:22; 12:1).
4. 12 (Lucas 6:13; Mateo 10:2 y Marcos 3:14)
5. En el Gólgota, Monte de la Calavera (Mateo 27:33; Marcos 15:21-41; Lucas 23:26-49; Juan 19:17-30)
6. Domingo, el primer día de la semana (Mateo 28:1; Marcos 16:1; Lucas 24:1; Juan 20:1)

La lección para...

Abriendo la Palabra

Para iniciar la sesión, pida a los jóvenes que en una hoja escriban los 10 personajes que consideran más sobresalientes en la historia de la humanidad. No es necesario que le pongan nombre a su hoja.

Pida a los jóvenes que le entreguen la hoja y escriba en la pizarra los nombres de los personajes que ellos hayan escrito. Vean cuál personaje acumuló más nominaciones.

Haga la transición de la siguiente manera: "Hoy hemos hecho una lista de los personajes más importantes de la historia. Pero, sin duda alguna, la persona más importante y relevante que haya pisado la tierra es Jesús. Pero, ¿en realidad quién fue Jesús? ¿Fue simplemente un gran líder, un gran maestro, un revolucionario, o un filósofo? ¿Jesús es Dios?

Nota: Tal vez algunos jóvenes digan que no es válido que incluyamos en la lista a Jesús, ya que al hablar de Él nos estamos refiriendo a Dios mismo. Aproveche este comentario diciendo que si bien es cierto Jesús fue completamente Dios, también debemos considerarlos como completamente humano.

Profundizando en la Palabra

Invite a los jóvenes a leer juntos Mateo 16:13-16. Una buena opción para la lectura es que divida al grupo de la siguiente manera: Uno será el narrador, otro Jesús, otro Pedro y el resto del grupo los discípulos.

Después de la lectura, comparta el punto uno del desarrollo de la lección. Investigue en diferentes diccionarios o enciclopedias lo que significa el nombre de Jesús, y escriba en tarjetas la información que encontró. Reparta una tarjeta a cada joven y en su momento, pida que lean lo que está escrito.

Ahora comparta el punto dos. Puede usar la hoja de actividades *¿Cuánto sabes de Jesús?* Déle 10 minutos para completar el ejercicio y posteriormente, compartan las respuestas. Después de trabajar en el ejercicio comparta el punto tres del desarrollo de la lección. Una manera creativa para trabajar este punto es de la siguiente manera: Divida a los jóvenes en dos grupos: Escriba en papelitos las palabras que aparecen en el recuadro "Definición de Términos" (sin la definición). Doble muy bien los papelitos y póngalos en una urna (cajita o bolsa). Pida primero a un grupo (representante) que saque un papelito y lea la palabra que está escrita. Tendrá 10 segundos para definir como grupo el significado de esa palabra. Si en los 10 segundos no pueden definirla correctamente, la pregunta pasará al otro grupo. Cada grupo tomará un turno, y ganará aquel que acumule más respuestas correctas.

Una vez que han dado una respuesta bíblica a la pregunta, ¿Quién es Jesús? Lleve a su grupo de jóvenes a comprender que esta pregunta requiere una respuesta personal.

Aplicando la Palabra

La respuesta que dio Simón Pedro, fue una respuesta que él estaba dando como una convicción personal. Invite al grupo a memorizar este versículo y que al decirlo, lo hagan conscientes de que ésta debe ser también una respuesta consciente y personal.

Cuando hayan memorizado el texto, haga la siguiente invitación al grupo: «Escriban una carta a Jesucristo, expresando quién es Él para ustedes, lo que significa en su vida. Él quiere escucharlo de ustedes. Y si aún no le han recibido como su Salvador, esta carta puede ser una excelente oportunidad para hacerlo». **Aclare:** *«El escribir la carta no hace a Jesucristo tu Salvador, sino la Fe en Él. Es decir, creer que Él es el Hijo de Dios, reconocerle como la persona que necesitabas para tener vida y ser feliz, y a quien estás dispuesto a seguir y obedecer».*

Si ya los jóvenes de su iglesia han experimentado una relación personal con Cristo, durante esta semana desarrollen un proyecto en el que como "grupo de jóvenes" puedan compartir su fe en Cristo. Tal vez una tarde de evangelismo infantil, visitar algún hospital, salir a algún lugar público y realizar trabajo comunitario, etc.

Concluya con una oración reconociendo a Jesús como el Hijo de Dios, agradeciéndole por su venida a este mundo para darnos libertad del pecado.

La lección para...

Abriendo la Palabra

Inicie la reunión con el siguiente ejercicio:

Escriba al menos tres nombres de los líderes más sobresalientes de todos los tiempos, en las diferentes áreas: 1. Política, 2. Reforma social, 3. Salud y medicina, 4. Religión y 5. Paz mundial.

Pida a los jóvenes que le entreguen la hoja y luego escriba, en la pizarra los nombres de los tres personajes que hayan recibido más nominaciones en cada área.

Haga la transición de la siguiente manera: "Tenemos la lista de los tres personajes más importantes de la historia en cinco diferentes áreas. Pero para ustedes, ¿en qué área debería estar incluido Jesús?".

Después pida al grupo que escriban en un papelito una definición corta de "Jesús". Cuando hayan terminado recoja los papelitos y lea en voz alta las definiciones.

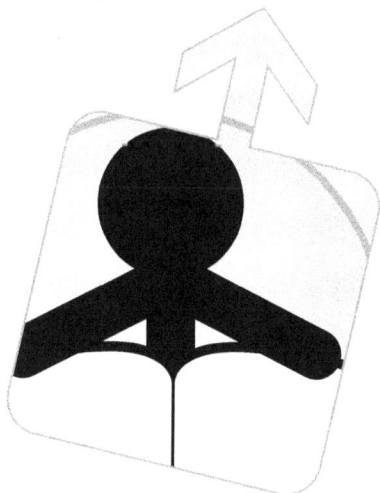

Profundizando en la Palabra

Invite a los jóvenes a comparar lo que escribieron, con lo que fue dicho hace casi 2000 años. Para esto lea Mateo 16:13-16.

Después de la lectura, comparta el punto uno del desarrollo de la lección. Si es posible investigue lo que dicen algunos grupos religiosos respecto a Jesús. Escriba en tarjetas la información que encontró. Reparta una tarjeta a cada joven y, en su momento, pida que lean lo que está escrito.

Luego comparta el punto dos Puede usar la actividad "Preguntas Para Discución" hoja de actividades ¿Conociendo a Jesús? Déles 10 minutos para completarlas y posteriormente, compartan las respuestas.

Después de trabajar en el ejercicio, comparta el punto tres del desarrollo de la lección. Una vez que han dado una respuesta bíblica a la pregunta, ¿Quién es Jesús? Lleve a su grupo de jóvenes a comprender que esta pregunta requiere una

Aplicando la Palabra

Invite al grupo a memorizar Mateo 16:16. Y al decirlo, háganlo conscientes de que ésta debe ser también una respuesta personal. *Cuando hayan memorizado el texto, haga la siguiente invitación al grupo:*

"Una vez que hemos visto que Jesús realmente vivió entre nosotros; imaginemos qué haría Jesús si en lugar de haber venido hace 2000 años, viniera el día de hoy. ¿Qué haría Jesús en su familia, en su escuela, en su trabajo, con sus amigos?". Compartan las respuestas y de ser posible escríbalas en la pizarra.

Confronte a los jóvenes con la realidad de que Jesús sigue vivo y está actuando día con día a través de la iglesia. 2 Corintios 5:20 dice que todos aquellos que han aceptado a Jesús como su salvador "son embajadores en nombre de Cristo".

Si hay algún joven que aún no ha experimentado una relación personal con Cristo, es una excelente oportunidad para hacer una oración de fe; reconociendo a Jesús como el Hijo de Dios y su salvador personal.

Respondiendo Simón Pedro dijo: Tú eres el Cristo, el Hijo del Dios viviente. Mateo 16:16.

77

¿Quién es Jesús?

Relaciona las citas con la descripción que corresponda:

Cordero de Dios	Juan 1:14; Mateo 3:17
El Mesías prometido	Juan 14:6
El Salvador del mundo	Mateo 1:21
El único camino para llegar a Dios	Deuteronomio 18:15; Mateo 1:22-23
Admirable y Príncipe de Paz	Juan 1:35; Isaías 9:6
El Hijo de Dios	Isaías 9:6

"Respondiendo Simón Pedro dijo: Tú eres el Cristo, el Hijo del Dios viviente" Mateo 16:16.

UN POCO DE HISTORIA

Subraye la respuesta correcta:

1. ¿En dónde nació?   Egipto   Belén   Nazaret   Galilea

2. ¿A qué edad empezó su ministerio público?   Como a los 30 años   A los 18 años   A los 25 años

3. ¿Cuánto tiempo pasó predicando y enseñando?   Más de 10 años   1 año   40 días   Casi 3 años

2. ¿A qué edad empezó su ministerio público?   Como a los 30 años   A los 18 años   A los 25 años

3. ¿Cuánto tiempo pasó predicando y enseñando?   Más de 10 años   1 año   40 días   Casi 3 años

4. ¿Cuántos discípulos eligió Jesús?   12   11   120   3000

5. ¿En dónde murió?   Monte Horeb   En el Gólgota   En Roma

6. ¿Qué día resucitó?   Viernes   Jueves   Domingo   Sábado

¿Cómo es Jesús?

Ordena correctamente las siguientes palabras: Ejemplo: OTNSA SANTO

OTNSA _____	1ª Pedro 2:22; Hebreos 7:26
EMBLTNIAU _____	Hebreos 11:12 y 13:8
TENMIPROIEENS _____	Mateo 18:20; 28:20
OTENSCEMNII _____	Mateo 11:27; Juan 2:23-25; Colosenses 2:3
EMONTTIONEP _____	Mateo 28:18
MORA _____	Mateo 20:28
SUTJO _____	Hebreos 1:8
IDIMSOEOORCIRS _____	Marcos 2:5,10,11
NTOERE _____	Juan 8:58; 17:5; Apocalipsis 22:13; Hebreos 1:8

"Conociendo a Jesús"

Ordena correctamente las siguientes palabras: Ejemplo: OTNSA SANTO

OTNSA _____	1ª Pedro 2:22; Hebreos 7:26
EMBLTNIAU _____	Hebreos 11:12 y 13:8
TENMIPROIEENS _____	Mateo 18:20; 28:20
OTENSCEMNII _____	Mateo 11:27; Juan 2:23-25; Colosenses 2:3
EMONTTIONEP _____	Mateo 28:18
MORA _____	Mateo 20:28
SUTJO _____	Hebreos 1:8
IDIMSOEOORCIRS _____	Marcos 2:5,10,11
NTOERE _____	Juan 8:58; 17:5; Apocalipsis 22:13; Hebreos 1:8

"RESPONDIENDO SIMÓN PEDRO DIJO:

TÚ ERES EL CRISTO,

EL HIJO DEL DIOS

VIVIENTE"

MATEO 16:16.

PREGUNTAS PARA DISCUSIÓN

1 En tu opinión, ¿de qué se despojó Jesucristo al hacerse como uno de nosotros?

2 Si el amor de Dios hacia nosotros se ha manifestado en su Hijo, ¿por qué algunas personas no desean confiar completamente en Jesucristo?

3 Si nosotros persistimos en nuestra desobediencia y rechazo a Dios, ¿cuáles serán las consecuencias?

4 ¿Reconoces a Jesucristo como Señor y Salvador? Si la respuesta es positiva, explica cómo se manifiesta el Señorío de Cristo en tu vida.

5 ¿Cómo podrías, de manera personal, declarar ante los demás tu fe en Cristo?

10

Mejor, Imposible

Eunice Vargas Contreras

DESARROLLO DE LA LECCIÓN

INTRODUCCIÓN

Todo el mundo desarrolla su propia autoestima, es decir, qué piensa de sí, cómo se valora, qué cualidades y limitaciones tiene, en pocas palabras: ¿Qué concepto tiene de sí mismo?

Aunque en la Biblia no encontramos la palabra autoestima, si hallamos un mandato muy especial: "Amarás al Señor tu Dios con todo tu corazón, y con toda tu alma, y con todas tus fuerzas. Y amarás a tu prójimo como a ti mismo. No hay otro mandamiento mayor que éstos" Marcos 12:30-31. Este pasaje nos habla de amarnos a nosotros mismos. Para amarnos a nosotros mismos debemos conocernos, aceptarnos, cuidarnos y valorarnos en nuestra "justa medida". Es precisamente allí dónde puede estar el problema, en la medida que muchas veces usamos, pues sólo hay dos: la del mundo y la de Dios.

1. COMO TE VEN, TE TRATAN

Vivimos en una sociedad que valora a las personas según su apariencia, es decir, lo importante es lo que las personas reflejan, lo que visten, cuánto tienen y cosas por el estilo. La imagen externa es la clave para ser aceptado por los demás y tener "éxito".

Los medios de comunicación nos bombardean continuamente con mensajes tales como: "si compra esto, será..." o "si viste esto, tendrá...". En realidad, estos mensajes lo único que hacen es llevarnos a la competitividad, al consumismo y a compararnos con el modelo presentado; ocasionando en la mayoría de los casos "frustración" o una imagen falsa de sí mismo. Quieren vendernos una "imagen" y muchas veces la compramos. Pero, mucho cuidado, según la Biblia el valor de lo externo es algo ilusorio y engañoso (1 Samuel 16:7; Jeremías 17:5,9).

Aunque las personas nos vean y juzguen de cierta manera, la imagen que debemos tener de nosotros mismos, es la imagen que Dios tiene. Veamos qué nos dice la Biblia sobre el valor que tenemos para Dios.

2. ANTE EL ESPEJO DE DIOS

El Salmo 139:1-17 nos dice que no nacimos por casualidad, ni es por casualidad que seamos quienes somos. Mucho antes de nacer fuimos planeados en la mente de Dios. Él nos diseño únicos y especiales.

Desde el primer capítulo de Génesis hasta el último de Apocalipsis, la Biblia contiene evidencias de lo importante que somos para Dios. Echemos un vistazo a lo que dicen los siguientes pasajes: Génesis 1:31a, bueno en gran manera; Salmo 8:5, poco menor que un ángel y coronado de gloria y honrra; Efesios 2:10, hechura de Dios en Cristo Jesús; Éxodo 19:5, propiedad exclusiva de Dios; Juan 3:16, amados por Dios al punto de darse a si mismo por su rescate; I Timoteo 4:4a, bueno y de ninguna manera despreciable.

¡Y todavía hay más! La Biblia está llena de pasajes que hablan del valor que Dios nos da a cada uno de nosotros, sin importar nuestra apariencia física o nuestras capacidades.

La imagen que una persona desarrolle de si misma es esencial en su vida. El mundo le dirá que lo más importante es su apariencia, su exterior. Sin embargo, a Dios le importa todo lo que somos, para Él tenemos un gran valor. Somos hechos a imagen suya (Génesis 1:26).

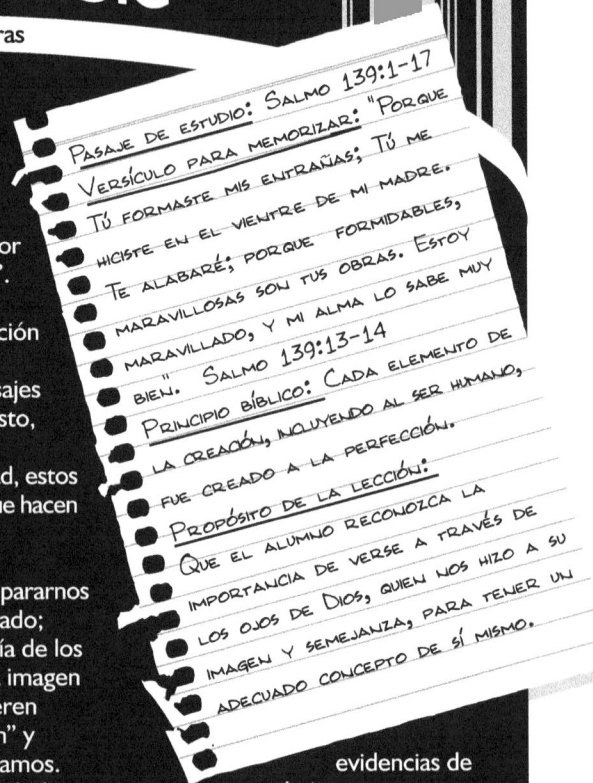

Pasaje de estudio: Salmo 139:1-17

Versículo para memorizar: "Porque Tú formaste mis entrañas; Tú me hiciste en el vientre de mi madre. Te alabaré; porque formidables, maravillosas son tus obras. Estoy maravillado, y mi alma lo sabe muy bien". Salmo 139:13-14

Principio bíblico: Cada elemento de la creación, incluyendo al ser humano, fue creado a la perfección.

Propósito de la lección: Que el alumno reconozca la importancia de verse a través de los ojos de Dios, quien nos hizo a su imagen y semejanza, para tener un adecuado concepto de sí mismo.

3. LA JUSTA MEDIDA

Cuando se habla de justa medida, no solamente se refiere a no tener un concepto inferior de sí mismo, sino también a no tener un concepto exagerado respecto a lo que realmente somos (Romanos 12:3).

¿Cómo podemos lograrlo? Siguiendo en forma ordenada los siguientes cinco pasos:

1 Pídale al Señor que le ayude en esta búsqueda.

2 No se compare con otros, trate de ser la persona que Dios planeó que fuera, sea usted mismo.

3 Use y desarrolle los talentos y dones que Dios le ha dado.

4 Busque amistades que le edifiquen.

5 Amese a usted mismo, cambie los pensamientos negativos que tenga acerca de usted.

Empieze por estos pequeños pasos y verá que poco a poco se sentirá mucho mejor. Recuerde que corregir lo que está mal en su vida lleva tiempo y esfuerzo.

Una autoestima fuerte proveerá el fundamento sobre el cual puede crecer, madurar y finalmente, llegar a ser la persona que Dios quiere que sea: como Jesús, a su imagen y semejanza.

RESUMEN

Aunque el mundo impone sus propios valores para las personas, estableciendo falsas medidas en cuanto a cómo deben verse, qué deben usar o cómo deben actuar, nosotros, como hijos de Dios, debemos entender que la manera en la que Dios nos ve es la que realmente cuenta.

RECURSOS COMPLEMENTARIOS

Dinámica: "regalo de alegría"

Acomode a los participantes en círculo, esto ayudará a establecer un clima de confianza. Comente: Cuando éramos niños nos emocionaba un regalo grande, sabíamos que nos iba a gustar, que era especial.

Aquí todos nos haremos un gran obsequio: Nos diremos los aspectos positivos, tratando de ser lo más específico posible. Ejemplo: "me gusta cuando sonríes", "tus consejos siempre son de gran ayuda" o "tu sentido del humor me anima".

Se trata de resaltar las cualidades del otro de manera específica, de modo que se origine un ambiente de cordialidad, lo que ayudará al desarrollo efectivo de la lección, procure que los comentarios no sean tan generales como: "eres muy buena onda" o "me caes bien".

Después de la dinámica, pregúnteles cómo se sintieron al escuchar las cualidades que los demás observaron de ellos.

Ilustración: "Las cuatro semillas"

Existe una sugestiva leyenda sobre cuatro semillas. Un día -dice la leyenda- las cuatro semillas se presentaron ante la majestad del Creador, quien les pidió que indicaran qué les gustaría ser.

La primera semilla dijo:

-A mí me gusta el agua, y puesto que en la tierra hay tanta agua me gustaría nadar.

Dios le respondió:

-Así se hará, serás un pez.

-A mí -indicó la segunda semilla- no me gusta el agua, pero sí el aire. No me gusta nadar, pero me encantaría volar.

-Te ruego que me des alas, no aletas.

-Muy bien –respondió Dios- tendrás alas y serás ave.

-Pues yo –exclamó la tercer semilla- no prefiero el agua, ni el aire, a mí me gusta la tierra. Me gustaría vivir en la selva, entre los árboles. No quiero aletas ni alas, pero te agradecería que me dieras garras y dientes.

-Así se hará –accedió el Creador- serás un tigre.

-Señor –dijo la cuarta semilla- yo no te pido alas para volar, ni aletas para nadar, ni garras y colmillos para sobrevivir. Yo sólo te pido una cosa: hazme a tu imagen.

La lección para...

Abriendo la Palabra

Introduzca la lección con la dinámica "Las Cuatro Semillas" que se encuentra en recursos complentarios de esta lección.

Después de la dinámica, pregúnteles cómo se sintieron al escuchar las cualidades que los demás observaron de ellos.

Profundizando en la Palabra

Haga que cada uno de los adolescentes lea un versículo del pasaje de estudio. Después de haber leído el pasaje comparta con los alumnos el punto uno de la lección.

Antes de iniciar el segundo punto realicen la hoja de actividades "El Espejo de Dios".

Al finalizar el último punto, haga que busquen en la sopa de letras que se encuentra en la hoja de actividades "Encontrando la Verdadera Imagen", las palabras que completan el pasaje de Génesis 1:26 y 27.

Aplicando la Palabra

Este es un buen tiempo para memorizar Salmo 139:13-14.

Luego, haga referencia a la dinámica de la introducción y ayúdales a ver lo agradable que es escuchar los halagos o palabras bondadosas de otros. Pero, también hágales ver que su sentido de autoestima no puede basarse solamente sobre esas opiniones porque, ¿qué pasará cuando no las reciban?

Sólo la opinión de Dios y la propia pueden dar una absoluta seguridad y un sólido fundamento sobre el cual edificar la autoestima.

Termine con una oración agradeciendo a Dios habernos creado a su imagen y ser amados y respetados por Él.

RESPUESTAS

Hoja de Actividades
Encontrando la Verdadera Imagen
SOPA DE LETRAS

Cita bíblica: Dios / Hagamos / hombre / imagen / semejanza / señoree / tierra / Dios (sólo aparece una vez en la sopa de letras) / varón / hembra / Génesis 1

S	E	M	E	J	A	N	Z	A	Ñ	N	E	T	S	Z	A
O	R	U	A	S	G	F	R	L	S	B	P	E	E	K	R
M	L	N	Q	E	H	E	M	B	R	A	A	L	Ñ	E	R
A	V	Y	O	A	R	P	E	R	G	O	S	U	O	T	E
G	R	A	C	R	D	I	O	S	E	L	E	U	R	P	I
A	O	N	I	P	A	O	A	F	U	G	C	D	E	E	T
H	W	A	Ñ	E	D	V	F	O	K	I	E	U	E	V	U
E	C	M	X	S	U	E	I	M	A	G	E	N	Ñ	B	W
N	A	R	E	I	J	H	S	O	L	U	H	A	E	I	O
O	J	I	E	D	E	O	E	A	U	Y	T	R	E	W	Q
Q	U	Z	W	O	S	M	X	D	L	A	M	I	N	A	U
U	B	I	E	G	A	B	U	O	I	T	E	V	A	F	R
Y	O	H	N	A	J	R	M	K	L	A	Q	E	Z	I	A
E	G	A	S	I	S	E	N	E	G	F	I	H	M	L	Ñ

Hoja de actividades
El espejo de Dios

Ejercicio 1:
Ser humano/ estructura / dignidad / perfección

Ejercicio 2:
Imagen / Semejanza / espíritu

82

La lección para...

Profundizando en la Palabra

Haga que cada uno de los jóvenes lea un versículo del pasaje de estudio. Después de haber leído el pasaje comparta con los alumnos los dos primeros puntos de la lección.

Introduzca el tercer punto de la lección con la ilustración: "Las Cuatro Semillas" que encontrara en las sección de recursos complementarios de esta lección.

Abriendo la Palabra

Introduzca el tema con la siguiente dinámica:

Pida a cada uno de los jóvenes que en unos minutos escriban tres cualidades y tres defectos que poseen. Cuando finalicen pregúnteles si todos pudieron escribir sus tres cualidades y defectos y qué sintieron al hacerlo.

Después comience con la introducción de la lección.

Aplicando la Palabra

Haga con los jóvenes la hoja de actividades "A Imagen de Dios"; al terminar, comparta con ellos el resumen de la lección.

Para finalizar, memoricen el pasaje que se encuentra en el Salmo 139:13-14, y pida a un joven que haga una oración.

"Porque Tú formaste mis entrañas; Tú me hiciste en el vientre de mi madre. Te alabaré; porque formidables, maravillosas son tus obras. Estoy maravillado, y mi alma lo sabe muy bien"
Salmo 139:13-14.

Hoja de Actividades "A Imagen de Dios"
Responde falso o verdadero

RESPUESTAS

(F) (V)

Cuando Dios te ve, Él:

Se arrepiente de haberte hecho	F
Ve un vil pecador	F
Ve una hermosa criatura	V
Está lleno de amor	V
Ve su imagen	V
Ni siquiera te conoce	F

La lección para...

Profundizando en la Palabra

Desarrolle los puntos uno y dos de la lección. Para introducir el tercer punto de la lección puede utilizar la dinámica "Las Cuatro Semillas" que encontrará en la sección de recursos. complementarios de esta lección.

Abriendo la Palabra

Para comenzar pida a los jóvenes que contesten la hoja de actividades "La Justa Medida". Después comenten unos minutos las respuestas y lean el pasaje de estudio. Continúe con la introducción de la lección.

"PORQUE TÚ FORMASTE MIS ENTRAÑAS; TÚ ME HICISTE EN EL VIENTRE DE MI MADRE. TE ALABARÉ; PORQUE FORMIDABLES, MARAVILLOSAS SON TUS OBRAS. ESTOY MARAVILLADO, Y MI ALMA LO SABE MUY BIEN"

SALMO 139:13-14.

Aplicando la Palabra

Antes de la última actividad, memoricen el texto que se encuentra en el Salmo 139:13-14.

Después, invite a los jóvenes a hacer una lista de las diferencias entre cómo nos ve la sociedad y cómo nos ve Dios. Enfatice que lo importante es la forma en la que Dios nos ve. Luego comparta con ellos el resumen de la lección, y concluya con una oración de gratitud.

HOJA DE ACTIVIDADES

Revista Jóvenes de Discipulado #1 - Mejor Imposible

A IMAGEN DE DIOS

Responde falso (F) o verdadero (V)

Cuando Dios te ve, Él:

Se arrepiente de haberte hecho   Ve un vil pecador   ___

Ve una hermosa criatura   ___   Está lleno de amor   ___

Ve su imagen   ___   Ni siquiera te conoce   ___

Piensa y Responde

1. ¿Por qué es importante basar nuestra seguridad en Dios y no en la opinión de la gente?

2. ¿Qué enseñanza te da el Salmo 139:1-7?

"Porque Tú formaste mis entrañas; Tú me hiciste en el vientre de mi madre. Te alabaré; porque formidables, maravillosas son tus obras. Estoy maravillado, y mi alma lo sabe muy bien"
Salmo 139:13-14.

3. ¿Qué pasaje de los que leíste en esta lección te da a ti una clara evidencia de lo importante que eres para Dios? ¿Por qué?

4. ¿Por qué buscar una actitud positiva hacia ti mismo es saludable y no egoísta?

5. ¿Qué pasa si tu no te amas como Dios te ama?

HOJA DE ACTIVIDADES

LA JUSTA MEDIDA

1. ¿Podría Dios habernos hecho mejor? ¿Por qué? _____

_____

_____

2. ¿Te importa la opinión que las personas tienen acerca de ti? _____

_____

_____

3. ¿Qué imagen crees que estás proyectando a la gente? ¿Te gustaría cambiarla? _____

_____

_____

_____

4. ¿Qué imagen crees que tiene Dios acerca de ti? _____

_____

_____

5. ¿Qué nos enseña Cristo en el segundo y gran mandamiento (Marcos 12:30-31)? _____

_____

_____

"Porque Tú formaste mis entrañas; Tú me hiciste en el vientre de mi madre. Te alabaré; porque formidables, maravillosas son tus obras. Estoy maravillado, y mi alma lo sabe muy bien"

Salmo 139:13-14.

HOJA DE ACTIVIDADES

El espejo de Dios

INSTRUCCIONES: Lee cuidadosamente la información que aparece en los recuadros. Cuando pienses que las hayas comprendido, completa los espacios en blanco en las oraciones correspondientes.

EJERCICIO 1

Aunque la misma clase de organización que se encuentra en los animales inferiores se encuentra en el ser humano, en él hay una delicadeza de estructura, una dignidad y porte y una perfección que no se encuentra en ninguna otra criatura.

El _____ _____ cuenta con la misma organización de los animales inferiores, sin embargo él posee delicadeza de _____, una _____ y _____ que no se encuentra en otra criatura.

EJERCICIO 2

Dios nos hizo a su imagen y semejanza. Él es la fuente de donde salió nuestro espíritu, de modo que la corriente debe semejarse al manantial que la produjo.

Dios nos hizo a su _____ y _____. Él es la fuente de donde salió nuestro _____, de tal manera que la corriente debe semejarse al manantial que la produjo.

"TÚ ME HICISTE EN EL VIENTRE DE MI MADRE. TE ALABARÉ; PORQUE FORMIDABLES, MARAVILLOSAS SON TUS OBRAS. ESTOY MARAVILLADO, Y MI ALMA LO SABE MUY BIEN" SALMO 139:13-14.

HOJA DE ACTIVIDADES

Encontrando la Verdadera Imagen

INSTRUCCIONES: Descubre el pasaje bíblico que se encuentra en la siguiente sopa de letras.

"Porque Tú formaste mis entrañas; Tú me hiciste en el vientre de mi madre. Te alabaré; porque formidables, maravillosas son tus obras. Estoy maravillado, y mi alma lo sabe muy bien"
Salmo 139:13-14.

SOPA DE LETRAS

S	E	M	E	J	A	N	Z	A	Ñ	N	E	T	S	Z	A
O	R	U	A	S	G	F	R	L	S	B	P	E	E	K	R
M	L	N	Q	E	H	E	M	B	R	A	A	L	Ñ	E	R
A	V	Y	O	A	R	P	E	R	G	O	S	U	O	T	E
G	R	A	C	R	D	I	O	S	E	L	E	U	R	P	I
A	O	N	I	P	A	O	A	F	U	G	C	D	E	E	T
H	W	A	Ñ	E	D	V	F	O	K	I	E	U	E	V	U
E	C	M	X	S	U	E	I	M	A	G	E	N	Ñ	B	W
N	A	R	E	I	J	H	S	O	L	U	H	A	E	I	O
O	J	I	E	D	E	O	E	A	U	Y	T	R	E	W	Q
Q	U	Z	W	O	S	M	X	D	L	A	M	I	N	A	U
U	B	I	E	G	A	B	U	O	I	T	E	V	A	F	R
Y	O	H	N	A	J	R	M	K	L	A	Q	E	Z	I	A
E	G	A	S	I	S	E	N	E	G	F	I	H	M	L	Ñ

Cita bíblica

Completa los versículos:

Entonces dijo _____: _____ al _____ a nuestra _____, conforme a nuestra _____; y _____ en los peces del mar, en las aves de los cielos, en las bestias, en toda la tierra, y en todo animal que se arrastra sobre la _____. Y creó Dios al hombre a imagen de _____ lo creó; _____ y _____ los creó.

_____ :26-27

¡Uno Para Todos y Todos Para uno!

Lourdes Ramírez

DESARROLLO DE LA LECCIÓN

INTRODUCCIÓN

Cristo vino a la Tierra no sólo para revelarnos su divinidad y la verdad de los grandes problemas de la humanidad, sino que vino para darnos vida (Juan 10:10) y salvar lo que estaba perdido (Lucas 19:10). Pero algo importante de esta nueva vida es que Jesús quiso dárnosla no sólo individualmente sino también en comunidad. Por esta razón, los que tienen esta nueva vida, pasan a formar parte de su pueblo, "la iglesia".

Ahora bien, este pueblo tiene la demanda de crecer (Efesios 4:16). Este crecimiento está enfocado en dos sentidos: Crece en semejanza a Cristo y crece en número porque cada día se añaden más personas a él. Sin embargo, tanto el crecimiento en semejanza a Cristo como el crecimiento numérico, están relacionados con la unidad con Cristo y con los hermanos (Juan 17:20-21).

1. UNIDAD EN MEDIO DE UNA GRAN DIVERSIDAD.

Sin duda, la unidad es un tema que ha causado mucha "división" de opiniones (y a veces no sólo de opiniones). Por lo tanto, debemos dejar bien en claro qué es la unidad.

El Diccionario de la Real Academia de la Lengua Española define la palabra unidad como: "Propiedad de todo ser, en virtud de la cual no puede dividirse sin que su esencia se destruya o altere. Unión o conformidad". Aquí es donde surge una pregunta: Si la iglesia está formada por personas tan distintas unas de otras, ¿cómo puede lograrse la unidad en medio de tanta diversidad?

En la Biblia encontramos ejemplos muy claros que nos ayudan a entender que la unidad en la iglesia es posible (es inherente a la iglesia misma). Veamos algunos de ellos:

a. La iglesia, un cuerpo

En Efesios 4:15 Pablo utiliza la figura del cuerpo humano para hacer referencia a la iglesia. Él aplicó esta comparación con el fin de dar a entender que todos los miembros de la iglesia son sumamente importantes y cada uno desarrolla una función que beneficia a todos. Todos son importantes, por eso ninguno debe considerarse superior a otro. Y esto se puede lograr unicamente cuando todos los miembros del cuerpo son dirigidos por la cabeza, que es Cristo. Él no sólo es quien dirige y gobierna el cuerpo, sino quien le da origen y lo sustenta. Cada uno de los órganos del cuerpo tiene un trabajo que cumplir. Cada uno tiene un rol importante que desempeñar para mantener al cuerpo en funcionamiento. No existen órganos que sean independientes o que puedan sobrevivir por sí mismos. Cada parte del cuerpo necesita de las otras partes. Si algún miembro del cuerpo se encuentra débil o lastimado, será necesario darle más atención. Si falta alguno, el cuerpo se adapta al cambio. Todos los miembros han recibido diferentes dones del Espíritu Santo, los cuales son dados para ser puestos al servicio del cuerpo que es la iglesia. Cada uno es importante y fundamental para que el cuerpo funcione (1 Corintios 12:12-30).

b. La iglesia, el Pueblo de Dios

Otra figura que usa el apóstol Pablo para ejemplificar o referirse a la Iglesia es el "pueblo de Dios". Si recordamos un poco del Antiguo Testamento, Israel fue creado con el propósito de ser el pueblo de Dios. Pero ya desde ese tiempo, Dios había dicho por medio de los profetas, que formaría un nuevo pueblo, con un corazón nuevo, que fuera obediente a Él.

2. LA IGLESIA, SINÓNIMO DE UNIDAD

Tal vez el principal problema que encontramos al hablar de unidad es que la confundimos con uniformidad. Uniformidad significa que las partes que integran algo deben ser iguales, sin existir diferencias entre uno y otro. En cambio, la unidad nos habla de que aun cuando las partes de un todo sean diferentes en su forma, comparten una misma esencia y un mismo sentir.

Pasajes de estudio: Efesios 4:1-16 y 1ª Corintios 12:12-30.

Versículo para memorizar: "De quien todo el cuerpo, bien concertado y unido entre sí por todas las coyunturas que se ayudan mutuamente, según la actividad propia de cada miembro, recibe su crecimiento para ir edificándose en amor" Efesios 4:16.

Principio bíblico: La única manera de lograr la unidad en la iglesia es permaneciendo unidos a Jesucristo.

Propósito: Que el alumno reconozca la importancia de la unidad en la iglesia (con Cristo y entre cada uno de sus integrantes).

89

Por lo anterior, la unidad de la iglesia no consiste en vínculos familiares, de raza, sexo, clase social ni nada similar, sino en la unidad que da el Espíritu Santo. Es decir, una misma esencia une a la iglesia: Un mismo Señor y Padre; una misma fe; una misma esperanza; participar de un mismo Espíritu y estar bajo la autoridad de Él.

La comparación entre la iglesia y el cuerpo humano nos ayuda a entender la gran diversidad que existe entre las personas que la componen. Que a pesar de ello, siguen siendo un organismo en unidad. De la misma manera, los miembros del cuerpo de Cristo tenemos que respetarnos y aceptarnos los unos a los otros, ayudándonos y buscando el crecimiento común.

Un elemento clave para lograr la unidad es la humildad. La humildad nos ayuda a reconocer que necesitamos de los demás. Gracias a ella, la unidad es fortalecida por el mejor de sus colaboradores: el amor.

Jesús mismo es el mejor ejemplo de

humildad (Filipenses 2:5-8) Por lo tanto, si estamos unidos a Cristo y estamos dispuestos a aprender de Él, también estaremos unidos los unos a los otros y estaremos dispuestos a aprender y a ser responsables los unos por los otros.

RESUMEN

Podemos concluir diciendo que la unidad es indispensable y esencial para la iglesia.

Jesucristo oró para que la iglesia esté unida (Juan 17:21). Esto quiere decir que, en cada uno de los miembros de la iglesia debe existir un propósito común, el propósito de Dios.

Podemos tener verdadera unidad sólo si nos acercamos a Cristo, si predicamos su evangelio y vivimos como Él viviría en nuestro lugar. De esta manera, Jesucristo se hace visible a través de su cuerpo, la iglesia.

RECURSOS COMPLEMENTARIOS

Materiales didácticos:

1. Pizarra u hojas de rotafolio
2. Marcadores o tiza (gis, yeso)
3. Biblias
4. Copias de las hojas de actividades
5. Lápices o bolígrafos
6. Pegamento y tijeras
7. Hojas de colores

Ilustración: Los tres mosqueteros

Es la historia del joven D'Artagnan, quien quería convertirse en un mosquetero (soldado de infantería). La historia se desarrolla en el año 1629, cuando viajó a París con una carta de recomen-

dación de su padre para M. Treville, jefe de los Mosqueteros del Rey. En el camino, su carta es tomada por Rochefort, quien trabaja en secreto para el Cardenal Richelieu, quien maneja el destino de Francia y a la vez había destituido a todos los Mosqueteros de sus puestos.

A su llegada a Paris, hace amistad con tres jóvenes mosqueteros que ocultan sus nombres haciéndose llamar Athos, Porthos y Aramis. Estos tenían como misión proteger al Rey de Francia y volver a unir los Mosqueteros del Rey. Su lema principal era, "Uno para todos y todos para uno", ya que la unión era lo que les daba el poder para alcanzar su objetivo. La historia cuenta de varias aventuras vividas por estos tres valientes héroes que unían sus fuerzas para el bien.

La lección para...

Abriendo la Palabra

Antes de iniciar la clase, dibuje en la pizarra un cuerpo humano que sea lo suficientemente grande para que capte la atención del grupo.

Ya con el grupo en el lugar de la reunión, inicie la sesión pidiendo a los participantes responder a las siguientes preguntas:

1. ¿Quiénes conforman la iglesia?
2. ¿Quiénes cumplen los papeles más importantes dentro de la iglesia? Hagan una lista en orden de importancia. *Esta es sólo una pregunta para generar conversación que tiene el propósito de llevar a los adolescentes a comprender que todos los miembros de la iglesia son de igual importancia.*

Dé un tiempo de cinco minutos para el intercambio de opiniones. Deje que ellos sean los que respondan. Luego, lance la siguiente pregunta: *¿Qué significa y de dónde proviene la frase ¡Uno para todos, y todos para uno!?* De no recibir la respuesta esperada, hable brevemente acerca de "los tres mosqueteros".

Una opción para narrar la historia de los Tres Mosqueteros, es que con suficiente tiempo de anticipación, pida a uno de los adolescentes que investigue esta historia. Si esto no resulta, en la sección de recursos complementarios de esta lección encontrará un resumen.

Una vez que se habló de los Tres Mosqueteros, comente lo siguiente: "El día de hoy hemos mencionado la frase "Uno para todos, y todos para uno", porque hablaremos de un tema muy importante para la iglesia: La Unidad". Comparta la introducción a la lección e invítelos a ver qué significa la unidad a la luz de la palabra de Dios.

Profundizando en la Palabra

Lean el pasaje de 1ª Corintios 12:12-30. Permita que alguno de los adolescentes dirija la lectura o que cada uno lea en silencio de sus propias Biblias.

Al terminar la lectura lea usted en voz alta Efesios 4:16. Después de haber leído este pasaje, comparta el punto uno, "Unidad, en Medio de una Gran Diversidad". Cuando haga la comparación entre la iglesia y el cuerpo humano, utilice el dibujo que hizo quitar al inicio de la clase. Haga la siguiente pregunta: ¿Qué papel cumple la cabeza para el cuerpo? Deje que el grupo comparta su opinión, y escríbala a un lado del cuerpo que dibujó.
Algunas de las posibles respuestas pueden ser: es la que da órdenes a cada órgano o es la que toma todas las decisiones en el cuerpo. Especifique que en este caso cabeza es igual a mente o voluntad.

Ahora, pida que citen diferentes partes del cuerpo físico con sus respectivas funciones. Por ejemplo: mano-sujetar, pierna-caminar, ojos-ver, nariz-oler, esqueleto- sostener el cuerpo, etc.

Una vez que mencionaron varios ejemplos, escriba *Cristo* dentro de la cabeza del cuerpo que dibujó previamente. Haga también la siguiente pregunta: ¿Qué quiere decir entonces que Cristo es la cabeza de la iglesia? Algunas de las posibles respuestas pueden ser: "Él es quién dirige", o "Él es el que toma decisiones". Después de esto, desarrolle el punto dos, "La Iglesia, Sinónimo de Unidad". Enfatice la diferencia entre unidad y uniformidad.

Aplicando la Palabra

Pida a los participantes que trabajen en la hoja de Actividades, "Un Solo Cuerpo". Permita que tomen suficiente tiempo para desarrollar el ejercicio. Dé la opción para hacerlo en grupo o de manera individual.

Este es el tiempo exacto para memorizar Efesios 4:16. Después de que se asegure de que ya lo han memorizado, comparta el resumen de la lección del tema. Haga un llamado de oración, rogando por la unidad de la iglesia. Además, pregunte si hay alguno que quiera involucrarse en algún ministerio. Ore por esas personas para que les sea dada sabiduría en el inicio de este nuevo camino.

"DE QUIEN TODO EL CUERPO, BIEN CONCERTADO Y UNIDO ENTRE SÍ POR TODAS LA COYUNTURAS QUE SE AYUDAN MUTUAMENTE, SEGÚN LA ACTIVIDAD PROPIA DE CADA MIEMBRO, RECIBE SU CRECIMIENTO PARA IR EDIFICÁNDOSE EN AMOR"

EFESIOS 4:16.

La lección para...

Abriendo la Palabra

Inicie la sesión pidiendo a los participantes responder a la siguiente pregunta: ¿Qué significa y de dónde proviene la frase ¡Uno para todos, y todos para uno!?

Dé tiempo suficiente para que contesten, y de no recibir la respuesta esperada, hable un poco de los "Tres Mosqueteros". El resumen que viene en la sección de recursos complementarios de esta lección, le será de gran ayuda.

Pregúnteles cómo se relaciona esto con la Iglesia.

Haga la transición al tema comparando la historia y lema de los tres mosqueteros con la unidad en la iglesia.

Luego, comparta la introducción de la lección e invítelos a ver qué significa la unidad a la luz de la palabra de Dios.

Profundizando en la Palabra

Lean el pasaje de 1ª Corintios 12:12-30. Pida a los jóvenes que lean un versículo cada uno.

Al terminar la lectura lea usted en voz audible Efesios 4:16. Después de haber leído este pasaje, pregunte: "Tomando como referencia lo que hemos leído, ¿qué es la unidad?"

Después de haber escuchado algunas respuestas, comparta la definición que se presenta al inicio del punto uno, "Unidad, en Medio de una Gran Diversidad". Para continuar con el desarrollo de este punto, las siguientes dos preguntas pueden serle de gran ayuda:

1. ¿Qué papel cumple la cabeza en el cuerpo humano? Escriba los comentarios en la pizarra.

2. ¿Qué quiere decir que Cristo es la cabeza de la iglesia? Algunas de las posibles respuestas pueden ser: "Él es quién dirige la iglesia", o "Él es el que toma decisiones".

Después de hablar de las figuras que se utilizan en la Biblia para referirse a la Unidad en la iglesia, desarrolle el punto dos, "La Iglesia, Sinónimo de unidad". Enfatice la diferencia que hay entre unidad y uniformidad.

Aplicando la Palabra

Este es el tiempo indicado para memorizar Efesios 4:16. Después de que se asegure que ya lo han memorizado, comparta el resumen de la lección.

Ya para finalizar, entregue la hoja de Actividades, "Manos a la Obra" y pida a los jóvenes que trabajen en ella. Después de algunos minutos, compartan el trabajo realizado.

Concluya con una oración, pidiendo a Dios por la unidad en la iglesia. Además, ore por aquellos jóvenes que han dispuesto en su corazón iniciar o involucrarse en un ministerio dentro de la iglesia.

"De quien todo el cuerpo, bien concertado y unido entre sí por todas la coyunturas que se ayudan mutuamente, según la actividad propia de cada miembro, recibe su crecimiento para ir edificándose en amor"

Efesios 4:16.

La lección para...

Abriendo la Palabra

Antes de iniciar la clase, dibuje en la pizarra un cuerpo humano que sea lo suficientemente grande para que capte la atención del grupo.

Inicie la sesión repartiendo a cada joven la hoja de Actividades, "Geometría en la Iglesia", hojas de color, tijeras y pegamento. Pida que dispongan y peguen, sobre la hoja de color, las figuras geométricas de la manera que ellos quieran, siempre y cuando el resultado final sea un templo.

Una vez que han terminado de desarrollar su expresión artística, comente: "La actividad que acaban de realizar, nos hace ver que aun cuando las figuras son muy diferentes en su forma, si se acomodan de una manera creativa, dan como resultado un edificio. En la iglesia pasa algo similar: Está formada por personas muy diferentes entre sí, pero juntas forman un gran cuerpo".

Luego puede preguntar qué significa y de dónde proviene la frase, ¡Uno para todos, y todos para uno! Dé tiempo suficiente para que ellos respondan. De no recibir la respuesta esperada, hable un poco de "Los tres mosqueteros". El resumen lo puede encontrar en la sección de recursos complementarios de esta lección.

Haga la transición al tema comparando la historia y lema de los tres mosqueteros con la unidad en la iglesia.

Profundizando en la Palabra

Lean el pasaje de 1ª Corintios 12:12-30. Pida a los jóvenes que lean un versículo cada uno. Al terminar la lectura lea usted en voz audible Efesios 4:16. Después de haber leído los dos pasajes, comparta el punto uno, "Unidad, en Medio de una Gran Diversidad". Para iniciar la comparación entre la iglesia y el cuerpo humano, utilice el dibujo que hizo al inicio de la clase.

Pregunte: ¿Qué función desempeñan las siguientes partes del cuerpo?
1. Mano (sujetar)
2. Piernas (caminar)
3. Ojos (ver)
4. Nariz (oler)
5. Esqueleto (sostener el cuerpo)
6. La cabeza (dirige a las demás partes del cuerpo, la que toma las decisiones, etc.)

Deje que el grupo comparta sus respuestas y escríbalas a un lado del dibujo.

Luego, escriba el nombre de *Cristo* dentro de la cabeza del cuerpo que dibujó y haga la siguiente pregunta: ¿Qué quiere decir entonces que Cristo es la cabeza de la iglesia? Algunas de las posibles respuestas pueden ser: "Él es quién dirige", o "Él es el que toma las decisiones".

Después de esto, desarrolle el punto dos, "La Iglesia, Sinónimo de Unidad". Enfatice en la diferencia que existe entre unidad y uniformidad.

Aplicando la Palabra

Pida a los participantes que piensen qué parte del cuerpo humano les gustaría ser y por qué. Hablen sobre esto entre todos.

Luego, rételos a asumir su papel protagónico dentro de la iglesia, conscientes de que cada uno es miembro del cuerpo de Cristo. Para hacerlo de manera práctica, entregue la hoja de Actividades, "Nuevo Ministerio para mi Iglesia". Haga que cada uno se una a un joven con quien no tenga mucha relación y planeen algo juntos. Oriénteles y dé algunos ejemplos de lo que pueden hacer en la iglesia. En el caso de que ya exista el ministerio en el que ellos han pensado, ayúdeles a involucrarse en él.

Este es el momento de memorizar Efesios 4:16. Después de asegurarse de que ya lo han memorizado, comparta el resumen de la lección.

Finalice con un llamado de oración, rogando por la unidad de la iglesia. Además, pregunte si hay alguno que quiera involucrarse en algún ministerio. Ore por aquel joven que ha tomado esta decisión, para que le sea dada sabiduría en el inicio de este nuevo desafío.

"De quien todo el cuerpo, bien concertado y unido entre sí por todas la coyunturas que se ayudan mutuamente, según la actividad propia de cada miembro, recibe su crecimiento para ir edificándose en amor" Efesios 4:16.

HOJA DE ACTIVIDADES

"Un Solo Cuerpo"

1 Haz una lista de las diferentes maneras en que puedes servir en la iglesia, trabajando en conjunto con tus amigos de la iglesia.

2 De la lista anterior, escoge una de las maneras de servir en tu iglesia y realiza una breve propuesta de trabajo. Puedes formar grupos con otros jóvenes de la clase para realizar la propuesta. Luego preséntenla a su líder y conviértanse en mosqueteros dentro de su iglesia.

"De quien todo el cuerpo, bien concertado y unido entre sí por todas la coyunturas que se ayudan mutuamente, según la actividad propia de cada miembro, recibe su crecimiento para ir edificándose en amor"

Efesios 4:16.

HOJA DE ACTIVIDADES

NUEVO MINISTERIO PARA MI IGLESIA

Plan de trabajo

Nombre del ministerio: _____

Participantes: _____

Propósito del plan: _____

_____

_____

_____

Fecha de inicio: _____

Lugar(es) dónde se llevará a cabo: _____

_____

Desarrollo del plan:

_____   _____
Firma de aprobación   Mi (Nuestras) Firma (s)
del pastor o líder
de jóvenes

HOJA DE ACTIVIDADES

MANOS A LA OBRA

Escribe a continuación la profesión que desempeñas día a día, ya sea en el trabajo o en la escuela. Si aún no trabajas, escribe las habilidades o aptitudes que crees poseer.

¿Cómo puedes aplicar tus capacidades, habilidades y conocimientos para el beneficio de tu iglesia?

Haz dos listas. En una de ellas, escribe algunos ministerios que pueden unir a los jóvenes de tu edad y que les beneficien directamente, como cuerpo de Cristo. En la otra, escribe algunos ministerios que beneficien directamente a la comunidad que rodea a tu iglesia.

_____   _____
_____   _____
_____   _____
_____   _____
_____   _____
_____   _____
_____   _____

Escoge uno de los ministerios que has pensado para tu iglesia y realiza una breve propuesta de trabajo. Puedes formar grupos con otros jóvenes de la clase para realizar la propuesta. Luego preséntenla a su líder y conviértanse en mosqueteros dentro de su iglesia

_____
_____
_____
_____

"De quien todo el cuerpo, bien concertado y unido entre sí por todas la coyunturas que se ayudan mutuamente, según la actividad propia de cada miembro, recibe su crecimiento para ir edificándose en amor"

Efesios 4:16.

HOJA DE ACTIVIDADES

Geometría en la Iglesia

"De quien todo el cuerpo, bien concertado y unido entre sí por todas la coyunturas que se ayudan mutuamente, según la actividad propia de cada miembro, recibe su crecimiento para ir edificándose en amor"

Efesios 4:16.

12

Un Corazón Para Amar

David González

DESARROLLO DE LA LECCIÓN

INTRODUCCIÓN

Hay un pensamiento del escritor Autrey Leigh Denzer que dice así: "No importa dónde vayas o lo que hagas, ni siquiera lo que trates de lograr o dominar, lo que sea que logres, no sumará nada si no tienes amor". Esta pequeña paráfrasis (pero muy hermosa) de 1ª Corintios 13, me hace confirmar que el amor es esencial en la vida del ser humano.

Se escucha decir a mucha gente (principalmente jóvenes), "estoy desesperado por encontrar el amor de mi vida". Sin embargo, ¿estarán buscando en el lugar correcto? ¿Sabrán exactamente lo que buscan?

1 EN BUSCA DEL AMOR

Para poder encontrar algo, debemos tener bien en claro qué es lo que buscamos. Así que si buscamos amor, necesitamos saber qué es amor. Lo difícil en este caso es encontrar un significado correcto. Esto se debe a que la sociedad ha desvirtuado completamente el significado del amor. Veamos un poco al respecto.

En primer lugar, debemos reconocer que la mayoría de la gente usa la palabra amor muy a la ligera. En el lenguaje popular amor es igual a sexo. No obstante, en la perspectiva de Dios esta palabra es mucho más amplia. Dios contempla el goce de la sexualidad como parte del verdadero amor, pero la conserva dentro del marco del matrimonio y bajo condiciones de exclusividad y fidelidad.

Otra forma en que la gente ve al amor es desde una perspectiva comercial. Podemos ver en las calles, en los centros comerciales, en la televisión, en las revistas y en otros medios de comunicación cómo se hace alusión al día de la amistad o del cariño. Pareciera que el amor se puede comprar y vender, o que sólo es válido cuando va acompañado de algo material.

Una forma más en la que la gente concibe al amor, es en términos de un estado emocional que genera o despierta en nosotros sentimientos positivos hacia otras personas. Tiene que ver con un sentimiento expresado a nuestros padres, amigos, la novia o el novio. En este sentido, se reconoce lo hermoso de este amor cuando está dirigido al bienestar de otros. Tal vez éste sea el amor que más satisfacción otorga, y que hace que nuestro mundo tenga un sentido especial.

Dentro de esta última manera de ver el amor está el enamoramiento. Este es difícil de explicar, pero sabemos cuando lo tenemos. Este es el sentimiento que hace que el novio llame a la novia a las dos de la mañana, sólo para decirle que no puede dejar de pensar en ella. O también el que provoca que cuando vemos al ser querido, empiece a recorrernos un cosquilleo por todo el cuerpo. Sin embargo, este amor tiene un pequeño "pero". Este amor está basado en las emociones. Aumenta con el desempeño y disminuye con los errores. ¡Cuántas amistades se han terminado porque alguno de los involucrados no valoró esa relación! ¡Cuántos noviazgos se han roto por un malentendido o porque no se estuvo dispuesto a perdonar! Y la lista podría continuar.

Lo anterior no quiere decir que los sentimientos sean malos, pero cuando hablamos del amor, debemos pensar más allá de los sentimientos y emociones. El amor es una expresión que exige sacrificio y lo recibiremos en la medida que lo demos.

Pasaje de estudio: 1ª Corintios 13.

Versículo para memorizar: "Y ahora permanecen la fe, la esperanza y el amor, estos tres, pero el mayor de ellos es el amor". 1ª Corintios 13:13.

Principio Bíblico: Dios es la fuente del amor y el elemento esencial para todas las relaciones.

Propósito: Que el joven compare los puntos de vista sobre el amor: La perspectiva de Dios y la perspectiva del hombre.

EL AMOR A LA VISTA DE DIOS

El amor es más bien acción, hechos y obras a favor de una persona, y todo esto proveniente de la misma voluntad humana, la cual ha sido redimida por la voluntad divina (1 Corintios 13:1-7). Es decir, el verdadero amor no es algo elaborado por el hombre. El amor proviene de Dios (1 Juan 4:19-21).

a. El amor en tres palabras

El idioma español utiliza una sola palabra para describir algo tan complicado como es el amor. Los griegos (que tenían un lenguaje muy rico), utilizaban tres palabras para hablar del amor. Esto les ayudaba a expresar un detalle o un aspecto de algo tan maravilloso como el amor. Veamos estas tres palabras:

1. Fileo. Es la palabra que usaban para expresar el sentirse a gusto con otra persona porque se tienen en común gustos, intereses, afinidades culturales y forma de ver la vida. Este amor existe en especial entre los miembros de una familia o entre los amigos

2. Eros. Es la palabra que se usaba para expresar la atracción y el deseo físico por otra persona. La atracción entre los chicos y las chicas parte de este amor.

3. Ágape. Era la palabra que usaban para expresar el compromiso incondicional de buscar el bien y el beneficio de la persona amada. Se refiere a la expresión desinteresada por los demás. Finalmente, este es el amor que proviene de Dios y que debe estar en todas nuestras relaciones. Es decir, aun cuando hablemos de un amor "fileal" o "eros", debe estar siempre presente el amor ágape, el amor de Dios.

b. La fuente del amor

Un punto importante acerca del amor, es que, cuando hablamos de una persona, decimos que tiene amor, pero cuando nos referimos a Dios, decimos que Él es amor. A diferencia de la expresión humana del amor, el amor de Dios no necesita un objeto para existir. Dios en su esencia misma es amor (1 Juan 4:8,16). El amor de Dios es único, es el que da el primer paso. Es el que ama no por lo que la persona es sino a pesar de ello. El amor de Dios no dura un mes o un año, ¡es eterno! Entonces, ¿qué papel juega el ser humano? ¿Quiere decir esto, que es Dios quien me hace amar a una persona? Esto dejaría lugar a decir que Dios es el responsable del inicio de una relación de noviazgo o de amistad. Y por consecuencia, también podríamos echarle la culpa cuando un noviazgo termina. Tenemos que aclarar que Dios le da al ser humano la capacidad de querer a quien le hace un bien; y también de sentirse atraído o desear a una persona del sexo opuesto (enamoramiento y/o cariño). Pero tanto el querer a una persona o el estar enamorado de ella, es decisión de cada individuo. Los sentimientos y las emociones son parte de la naturaleza del ser humano. Por lo tanto, aún cuando el enamoramiento puede llegar a ser parte del amor, también se corre el riesgo de quedarse en sólo un sentimiento. Cuando dejamos que nuestra vida y nuestras relaciones sean controladas por los sentimientos, tenemos muchos problemas. Muchas relaciones han terminado a causa de un sentimiento muy peligroso llamado "celos". Todos, en mayor o en menor medida, somos vulnerables no sólo a los celos, sino a otros sentimientos. Los sentimientos son cambiantes, por lo tanto, no podemos tomar decisiones simplemente con base a lo que sentimos. Es por eso que Dios nos dice que no nos conformemos con el cariño o el enamoramiento sino que conozcamos el verdadero amor. Y la única manera de conocer el verdadero amor, es conociendo a Dios. Y es precisamente Él, que así como nos ha dado la capacidad de querer a otros, también desea darnos la capacidad de amar.

EL AMOR, UN MANDATO DE DIOS

Juan 15:12 y 13 nos dicen que amar a los demás no es opcional. Si leemos cuidadosamente estos versos, parecería que se nos dice que el amor es una obligación. De hecho, así es. Pero no en el sentido de una carga sino como una consecuencia natural de nuestra relación con Cristo. Nuestro amor viene a ser un reflejo de lo que Dios ha hecho en nuestras vidas. Cuando nos dejamos amar por Dios, entonces podemos cumplir su mandato de amar a los demás (Juan 15:12 y 13). El amor es la parte medular y distintiva de la vida de un hijo de Dios. Y si bien es cierto que, el amor es un resultado instantáneo del nuevo nacimiento en Cristo, también podemos decir que la manifestación o demostración del mismo se genera con base a nuestra relación diaria con Dios. Por lo anterior, el amor exige cultivar una actitud responsable, sincera, honesta, de sacrificio, cariño, bondad, entrega, disposición a ayudar y también de perdón. En pocas palabras, debemos amar de la misma manera que Jesús nos ha amado.

RESUMEN

Qué podemos concluir de todo esto? Podemos concluir que no basta decir: "¡He encontrado el amor de mi vida!"

(como una simple expresión sentimental). Amar es una manera de vivir, es una expresión activa de nuestra relación con Dios, y está dirigido a la búsqueda del bien de los demás. Dios desea que cada una de nuestras relaciones sean saludables y equilibradas. Por eso nos invita a que el elemento que las una sea el verdadero amor

(Colosenses 3:14).

Materiales didácticos:

1. Pizarra u hojas para rotafolio
2. Marcadores o tiza (gis, yeso).
3. Biblias.
4. Copias de las hojas de actividades
5. hojas en blanco.
6. Lápices o bolígrafos.

Información complementaria:

"Amor, Amado"
En el Antiguo Testamento. En el AT el amor, sea humano o divino, es la expresión más profunda que puede darse de la personalidad y de la intimidad de las relaciones personales. En el sentido no religioso, se emplea más comúnmente para el deseo o la atracción mutua de los sexos, en que no hay restricción alguna o sentido de impureza (véase Cantares para su expresión más sublime). También se aplica a una multitud de relaciones personales (Génesis 22:2; 37:3) y subpersonales (Proverbios 18:21), que no están ligadas en absoluto al impulso sexual. Fundamentalmente se trata de una fuerza interna (Deuteronomio 6:5, "fuerzas") que nos impulsa a realizar aquella acción que da placer (Proverbios 20:13), obteniendo así el objeto que nos despierta el deseo (Génesis 27:4), o en el caso de personas, al sacrificio de uno mismo para el bien de la persona amada (Levítico 19:18, 34) y a una inquebrantable lealtad (1 Samuel 20:17–42).
En el Nuevo Testamento. El término griego más común para todas las formas del amor en el NT es ágape. Esta es una de las palabras menos comunes en el griego clásico, donde expresa, en las pocas ocasiones en que aparece, esa forma suprema y noble del amor que ve algo infinitamente precioso en su objeto. Su uso en el NT está relacionado con el amor de Dios hacia el hombre, del hombre hacia Dios, y del hombre hacia su prójimo. La dignidad que posee este término en el NT se debe a su uso como vehículo de la revelación del AT.
Fileo es la voz que alterna con ágape, y se usa más naturalmente para el afecto íntimo (Juan 11:3, 36; Apocalipsis 3:19), y para el placer de hacer cosas que resultan agradables (Mateo 6:5), aunque encontramos una considerable superposición en el uso de ambos términos.

Comentario Bíblico Beacon, CNP

Abriendo la Palabra

Al inicio de la sesión entregue a cada adolescente un papel con las siguientes letras:
A-R-N-S-L-A-B-A-L-O-U-A-P-A

Cuando ya todos tengan el papel, pídales que arreglen las letras para formar una sola palabra. Ellos pensarán que deberá formarse, literalmente, una palabra, pero la clave está en que estas letras formarán la frase, *"Una sola palabra"*.

Después de dar unos minutos para que resuelvan el acertijo, pida que compartan la solución que encontraron. Dé la respuesta correcta y escriba en la pizarra la palabra sobre la cual tratará la lección: Amor.

Comente: "Hay muchas cosas que se dicen sobre el amor, que a veces crean tanta confusión que ya no sabemos qué es realmente el amor. Además, se dice que "cada quien habla como le va en el juego". Es decir, si le va bien en una relación, entonces dirá cosas bonitas; pero si no le fue bien, entonces dirá cosas negativas".

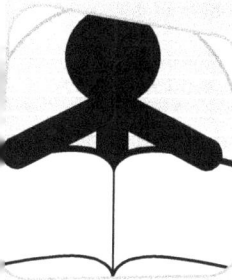

Profundizando en la Palabra

Invite a los adolescentes a leer 1 Corintios 13. La lectura tendrá la particularidad de que en los versículos 4 al 7 sustituirán la palabra amor por el nombre de cada uno de ellos. Ejemplo:

Versículo 4 *"Mario es sufrido, es benigno; Mario no tiene envidia, Mario no es jactancioso, no se envanece".*

Después de haber leído el pasaje, comparta el punto uno, "En Busca del Amor". Para hacerlo más dinámico, puede pedir al grupo que compartan lo que para ellos es el amor.

Hasta este punto, todavía no han definido completamente al amor. Pregunte a dos adolescentes, con la información vista hasta ahora, ¿qué es el amor? Una vez que le dieron sus respuestas, exponga el punto dos, "El Amor a la Vista de Dios".

Ahora, es una buena oportunidad para leer, una vez más, 1 Corintios 13:4-7. Pida que sustituyan la frase "el amor" por el nombre de cada uno de ellos, pero en esta ocasión, pida que lo hagan consciente de lo que están diciendo. En el caso en el que algunos crean que algunas cualidades no se cumplen en su vida, pídales que permanezcan callados. Probablemente alguno de ellos reconocerá que hay muchas cosas que le cuesta mucho trabajo. Es el momento indicado para compartir el punto tres, "El Amor, un Mandato de Dios".

Aplicando la Palabra

Una vez que expuso los tres puntos del desarrollo de la lección, memoricen 1 Corintios 13:13. Posteriormente comparta el resumen de la lección.

Para finalizar, forme dos grupos y pídale a cada grupo que escriba una carta de amor a las siguientes personas:

Grupo 1	**Grupo 2**
A Jesús	A un amigo que te traicionó pero que
A tu futuro(a) esposo(a) en el día de tu boda	te ha pedido perdón
A tu mejor amigo	A tus papás
	A un hermano(a)

Para concluir puede hacer una oración como esta: *"Amoroso Padre, gracias por amarnos tanto. Tú nos has ordenado amarnos los unos a los otros; pero, reconocemos que no lo podemos hacer si este amor no proviene de Ti. Ayúdanos en cada una de nuestras relaciones. Te damos el control de nuestras relaciones.*

La lección para...

Abriendo la Palabra

Al inicio de la sesión pida a cada joven que piense en la persona más cercana a él. Luego, dé la siguiente instrucción: "Haga dos listas. En una escriba las razones por las que esta persona es tan cercana a usted; en la otra, las razones por las que usted esta tan cercana a esa persona".

Después de dar unos minutos para que hagan estas listas, pida que las compartan rápidamente. Cuando ya todos lo hayan hecho, pregunte: ¿Creen que en realidad amen a la persona a la cual han hecho referencia en su lista?

Invite a los jóvenes a evaluar si realmente aman a esta persona. Para esto, lean juntos 1 Corintios 13. Pueden leer un versículo cada uno.

Profundizando en la Palabra

Después, lean una vez más los versículos del 4 al 7, pero la lectura tendrá la particularidad de que en los versículos 4 al 7 sustituirán la frase "el amor" por el nombre de cada uno de ellos, y también incluirán el nombre de la persona más cercana a ellos. Ejemplo:

Versículo 4 "Mario es sufrido con Laura, es benigno con Laura; Mario no tiene envidia de Laura, Mario no es jactancioso con Laura, no se envanece con Laura".

Comente: ¿Cómo les fue en su prueba de amor? Si no les fue muy bien, entonces esta lección creo que les ayudará. Y si les fue bien, no está demás recordar algunos consejos y compartir otros con los demás.

Luego, pida a cada joven que diga lo primero que le viene a la mente cuando escuche la palabra "amor". Con las respuestas haga una lista en la pizarra. Después de esto, comparta el punto uno, "En Busca del Amor".

Déles algunos minutos y después compartan sus definiciones. Una vez que lo hicieron, exponga el punto dos, "El Amor a la Vista de Dios".

Después de todo lo que se ha tratado en la lección, pida a cada joven que lea, rápidamente y en silencio, la lista que hizo al inicio y evalúe si lo que aparece allí es un ejemplo de lo que es el amor. Este el momento indicado para compartir el punto tres, "El Amor, un Mandato de Dios".

Aplicando la Palabra

Memoricen 1 Corintios 13:13 e inmediatamente después, comparta el resumen de la lección.

Antes de finalizar, entregue una hoja a cada joven y pídales que hagan una lista de ejemplos en los que otros le hayan bendecido a través de su amor. Luego, respondan a la pregunta, ¿cómo puedo transmitir este amor a otros?

Pueden terminar la sesión con una oración como esta: "Amoroso Padre, gracias por amarnos tanto. Tú nos has ordenado amarnos los unos a los otros; pero, reconocemos que no lo podemos hacer si este amor no proviene de Ti. Ayúdanos en cada una de nuestras relaciones. Te damos a Ti el control de nuestras relaciones. Muéstranos cómo amar cada día más a quienes nos rodean. En el nombre de Jesús. Amén".

"Y ahora permanecen la fe, la esperanza y el amor, estos tres, pero el mayor de ellos es el amor"

1ª Corintios 13:13.

Abriendo la Palabra

Al inicio de la sesión pida a los adolescentes que encuentren un capítulo de la Biblia que contenga por lo menos nueve veces la palabra "Amor".

Después de dar unos minutos para que resuelvan el acertijo, pida que compartan la solución que encontraron. Dé la respuesta correcta y escriba en la pizarra la respuesta: 1 Corintios 13 (posiblemente haya otro capítulo que también contenga más de nueve veces la palabra amor).

Invite a los jóvenes a comprobarlo.

Profundizando en la Palabra

Ahora, lean detenidamente todo el capítulo, pero la lectura tendrá la particularidad de que en los versículos 4 al 7 sustituirán la palabra amor por el nombre de cada uno de ellos. Ejemplo:

Versículo 4 *"Mario es sufrido, es benigno; Mario no tiene envidia, Mario no es jactancioso, no se envanece".*

Para hacer la transición al punto uno, "En Busca del Amor", pida a cada joven que diga lo primero que le viene a la mente cuando escucha la palabra "amor". Con las respuestas haga una lista en la pizarra. Después de esto, comparta el punto.

Hasta este momento, todavía no han definido completamente lo que es el amor. Divida a los jóvenes en dos grupos, luego pida que cada grupo redacte una definición de "amor" utilizando todas las palabras que se encuentran en la lista que hicieron previamente. Déles algunos minutos y después compartan sus definiciones. Una vez que lo hicieron, exponga el punto dos, "El Amor a la Vista de Dios".

Ahora, pídales que busquen, una vez más, 1 Corintios 13:4-7. Léanlo nuevamente, de manera similar a como lo hicieron en un inicio; pero en esta ocasión, pida que lo hagan conscientes de lo que están diciendo. En caso de que algún joven crea que alguna cualidad no se cumple en su vida, puede permanecer callado. Probablemente más de uno reconocerá que hay muchas cosas que aún le cuestan mucho trabajo. Es el momento indicado para compartir el punto tres, "El amor, un mandato de Dios".

Aplicando la Palabra

Para entrar a la recta final de la sesión, memoricen 1 Corintios 13:13. Posteriormente comparta el resumen.

Para finalizar, forme dos grupos y pídale a cada grupo que escriba una carta de amor a las siguientes personas:

Grupo 1:
A Jesús
A tu futuro(a) esposo(a) en el día de tu boda
A tu mejor amigo

Grupo 2
A un amigo que te traicionó pero que te ha pedido perdón
A tus papás
A un hermano(a)

Concluya con una oración como esta: *"Amoroso Padre, gracias por amarnos tanto. Tú nos has ordenado amarnos los unos a los otros; pero, reconocemos que no lo podemos hacer si este amor no proviene de Ti. Ayúdanos en cada una de nuestras relaciones. Te damos el control de nuestras relaciones. Muéstranos cómo amar cada día más a quienes nos rodean. En el nombre de Jesús, Amén".*

HOJA DE ACTIVIDADES

"UNA CARTA DE AMOR"

Para:_____

"Y AHORA PERMANECEN LA

FE, LA ESPERANZA Y EL AMOR,

ESTOS TRES, PERO EL MAYOR

DE ELLOS ES EL AMOR".

1ª CORINTIOS 13:13.

Con amor sincero, de: _____

13

Según el Cristal con que Miras

David González

DESARROLLO DE LA LECCIÓN

¿Ha escuchado alguna vez la frase, "todo es de acuerdo al cristal con el que miras"? ¿Cuánto de cierto tendrá esto? Lamentablemente, para muchas personas esto es una realidad. Vivimos en una sociedad en la que cada quien hace lo que quiere, con tal de obtener lo que desea. No importa los medios que tenga que utilizar para conseguir algo. No hay medios bueno o malos, todo es relativo.

Es aquí donde tenemos que preguntarnos, ¿será correcto lo que muchas personas hacen, o aun lo que yo mismo hago? ¿Cómo puedo distinguir entre lo que es bueno y lo que es malo?

1 DEFINAMOS EL RELATIVISMO MORAL

En nuestros días, cuando se habla del bien y del mal, es muy fácil escuchar a la gente decir que esto es relativo. No hay una medida absoluta, sino una variedad de parámetros para emitir un juicio moral. Y a esto se le llama, relativismo moral.

En varios diccionarios, se define al relativismo como una perspectiva que afirma que las verdades éticas dependen tan sólo de los individuos o grupos. Esto quiere decir que lo que para algunos es bueno, para otros puede ser malo. Todo depende de la motivación, la cultura, o de quién haya hecho las cosas (todo es según el color del cristal con que se miren las

cosas).
Pero, ¿desde cuándo existe el relativismo moral? No es algo nuevo, y lamentablemente ha hecho su aparición una y otra vez. A lo largo de la historia podemos ver cómo muchas culturas han atravesado por crisis en sus valores morales. Ni siquiera el pueblo de Israel escapó a esta situación.

a. Un ejemplo en la Biblia
El último verso del libro de los Jueces es más que representativo, dice: "En aquel tiempo no había rey en Israel y cada quién hacía lo que bien le parecía".

Es importante analizar la vida del pueblo de Israel en este periodo de la historia, que se remonta entre los años 1,200 y 1,000 antes de Cristo. Abarcó desde la llegada del pueblo de Israel hasta el establecimiento de la monarquía.

Lo que más se asemeja a la historia del pueblo de Israel durante este periodo, es una montaña rusa, algunas veces arriba y otras abajo. Ese era su estilo de vida. Dependía de quién era el líder para saber cómo actuar, y cuando no había un líder, el problema se agravaba y cada quien hacía lo que quería.

El discurso de despedida de Josué había sido muy claro, les dijo a los israelitas que debían ser fieles a la promesa de fidelidad que le habían hecho a Dios (Josué 24). No obstante, el pueblo de Israel olvidó muy rápido esa promesa.

En el capítulo 1 del libro de Jueces, versículos 21, 29 y 30, vemos cómo el pueblo de Israel rompió el pacto

que había hecho con Dios. El mandato para el pueblo de Israel era muy claro: No debían contaminarse con las costumbres y normas de otros pueblos. Sin embargo, el pueblo de Israel no lo hizo así.

Una vez que Josué murió, los israelitas se olvidaron de la promesa que habían hecho a Dios.

Hicieron lo malo y adoraron a otros dioses (Jueces 2:11-16). Las consecuencias no se hicieron esperar. La Biblia relata que Israel nuevamente padeció bajo el dominio de otros pueblos, quienes lo sometieron y le exigieron tributos. La conquista fue muy sutil: Primero empezaron a convivir con ellos, después se casaron entre ellos y finalmente, los dioses de los otros pueblos fueron los dioses del pueblo de Israel. Se olvidaron de Jehová, el único Dios verdadero.

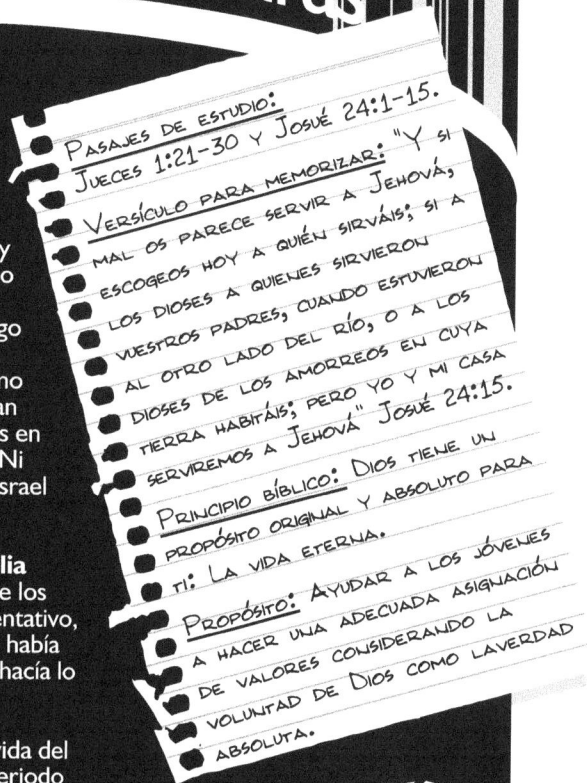

Pasajes de estudio: Jueces 1:21-30 y Josué 24:1-15.

Versículo para memorizar: "Y si mal os parece servir a Jehová, escogeos hoy a quién sirváis; si a los dioses a quienes sirvieron vuestros padres, cuando estuvieron al otro lado del río, o a los dioses de los amorreos en cuya tierra habitáis; pero yo y mi casa serviremos a Jehová" Josué 24:15.

Principio bíblico: Dios tiene un propósito original y absoluto para ti: La vida eterna.

Propósito: Ayudar a los jóvenes a hacer una adecuada asignación de valores considerando la voluntad de Dios como la verdad absoluta.

La historia del pueblo de Israel nos muestra que Dios levantó hombres y mujeres que ayudaron al pueblo a regirse nuevamente de acuerdo al plan divino. Pero cuando estos líderes morían, el pueblo volvía a regirse por sus propias leyes o patrones de conducta. Quizá la razón era porque no seguían a Dios por convicción. No habían experimentado una relación con Dios como la tuvo Josué. Entonces, ¡eso era un completo caos!

b. La historia se repite

Lo que pasó hace mucho tiempo con el pueblo de Israel sigue siendo un gran problema en nuestros días.

Podemos poner un ejemplo muy sencillo: Si hiciéramos una encuesta a 10 jóvenes de la iglesia sobre si copiar en la escuela es malo, todos dirían que sí. Y si a esos mismos jóvenes les preguntáramos si han copiado alguna vez para salir del apuro, la mayoría diría que sí.

La mayoría admitiría haber copiado y al mismo tiempo creer que copiar es malo. ¡Qué contradicción! No hay relación entre lo que se cree y lo que se hace. ¿Será posible que la mayoría de los jóvenes en nuestras iglesias tengan creencias, pero no convicciones? Es decir, principios pero no valores.

El principal problema es que hemos aprendido reglas, pero no hemos conocido los principios ni la persona que da origen a esas reglas. Respondemos que matar es malo porque nuestros padres nos lo han enseñado, la maestra de Escuela Dominical, o el pastor lo ha dicho en sus predicaciones y enseñanzas. Pero, no podemos explicar por qué es malo.

② VAYAMOS AL FONDO DEL ASUNTO

Cometemos un gran error cuando solamente enseñamos reglas a nuestros jóvenes. No es suficiente decirles, "esto es bueno y esto es malo", necesitamos que los jóvenes crean en principios eternos y los valoren. ¡Que los hagan suyos!

Hoy en día nuestros jóvenes están expuestos a la gran influencia de la cultura relativista (amigos, escuela, medios de comunicación, etc.). Al comparar el tiempo que pasan inmersos en esta cultura, con el tiempo que pasan con la familia y la iglesia, pensamos que si no les enseñamos a distinguir entre lo bueno y lo malo, los jóvenes no sobrevivirán ante tanta presión (Efesios 4:14).

Caminemos con nuestros jóvenes más allá del legalismo. Llevémosles a conocer la verdad absoluta. Aquella verdad que es cierta para toda persona, en toda época y en todo lugar; y que tiene consecuencias bien definidas e invariables.

A continuación presento el método que comparte el escritor Josh McDowel para determinar si algo es bueno o malo:

Él usa tres palabras que inician con la letra "p" para enseñar por qué algo es bueno o malo. La primera "P" se refiere al Precepto o mandamiento, la segunda al Principio y la tercera a la Persona.

Por ejemplo, el precepto o mandamiento dice "no matarás", basado en el principio de la santidad de la vida (la vida es sagrada). Pero, ¿por qué existe este precepto y su principio? Aquí está la clave: Detrás de todo precepto hay un principio, y detrás de todo principio está la persona de Dios. Dios es quien da la vida y Él es la única persona que tiene el control final de ella. Es la persona, carácter y naturaleza de Dios la que determinan por qué algo es bueno o malo.

Para saber si algo es bueno o malo tenemos que ir al original, a Aquel que es antes de todo lo creado y que creó todas las cosas (Colosenses 1:15-20). Dios es la única persona que puede dar origen a los principios absolutos porque Él nunca cambia (Hebreos 6:18; 13:8).

Matar no es malo simplemente porque mis padres, mi iglesia o mi pastor lo enseñan; matar es malo porque de Dios proviene la vida del ser humano. Él la da y a Él pertenece. Jesús dijo: "Yo soy el camino, la verdad y la vida…" (Juan 14:6). Jesús es la verdad absoluta. Él es la medida con la que todos serán juzgados algún día.

Además, es necesario comprender que alterar el orden original que Dios diseñó, traerá sus consecuencias. Por ejemplo: Si mentimos ¿qué pasa? Primero hay nerviosismo y angustia por el miedo a que descubran la mentira. Después tenemos que decir otra mentira para poder cubrir la primera, y esto será como una bola de nieve que no se puede detener, hasta que toca fondo. Una vez que eso ocurre, las relaciones se ven afectadas gravemente; se pierden amistades, trabajo, familia, noviazgo, etc. Y por último, la consecuencia final de ir en contra de la voluntad de Dios (la verdad absoluta), es la muerte eterna.

RESUMEN

Para nosotros, los cristianos, el carácter de Dios expresado en sus mandamientos es la base sobre la cual tomamos nuestras decisiones con relación a lo que es bueno y lo que es malo. Los mandamientos de la Biblia nos proporcionan esa base sólida porque tan sólo ellos poseen la verdad absoluta y ellos son los que nos conducen a la vida eterna.

Debemos tener siempre presente que es Dios quien hizo todas las cosas (incluyendo al ser humano) y por Él subsisten. Por lo tanto, ¡qué mejor que seguir los consejos que Él nos da a través de su Palabra!

Uno de los retos más grandes al pastorear a nuestros jóvenes es ayudarlos a conocer personalmente a Dios y no sólo a seguir una lista de leyes y reglas. Caminemos junto a ellos y que cada decisión que tomen, estén conscientes de la persona, carácter y naturaleza de Dios.

Materiales didácticos:

1. Pizarra
2. Marcadores o tiza (gis, yeso)
3. Biblias
4. Copias de las hojas de actividades para cada alumno
5. Lápices
6. Globos de colores y cordones para amarrar los globos

Definición de términos:

Bien o bueno. Cuando decimos que algo es bueno, usualmente queremos decir que es agradable, saludable o que conduce a la felicidad. Para el cristiano, la bondad es determinada por las normas que Dios ha establecido y nos ha revelado. El cristiano cree que al seguir el plan original de Dios obtiene la mayor felicidad. Así, la bondad llega a ser no solamente lo que yo deseo, sino lo que debo desear. Lo bueno tiene carácter objetivo. Es digno de alabanza y valioso, porque concuerda con la voluntad de Dios que está edificada dentro del orden moral del universo.

Mal. Como lo opuesto al bien, el mal es cualquier cualidad, condición o evento que es negativo y destructivo en sí mismo. El dolor y la falta de felicidad que resultan del mal son vistos generalmente como males en sí mismos, pero su cualidad como tal es un reflejo, y a veces es más aparente que real.

Ilustración: "El pago equivocado"

"Hay dos islas separadas por un mar lleno de tiburones. En la primera isla viven una muchacha de 20 años y su mamá. En la segunda isla viven el novio de la muchacha y un amigo del novio. La única forma de pasar de una isla a otra es en una barca a cargo de un lanchero. Un día la muchacha quería ir a la otra isla para estar con su novio, fue a ver al lanchero para que la llevara. El lanchero le dijo que estaba dispuesto a hacerlo, siempre y cuando tuviera relaciones sexuales con él. Después de pensarlo mucho, la muchacha fue al lanchero y le pagó el "precio convenido". Cuando la muchacha llegó a la otra isla y se reunió con su novio y empezaron a platicar. La muchacha le dijo: "Tengo que ser completamente honesta contigo. Para poder venir tuve que hacer el amor con el lanchero, porque ese fue el único pago que él aceptó para traerme hasta aquí". Su novio, al oír esto, le dijo: "¿Cómo pudiste hacer eso? Así ya no puedo seguir contigo". En ese momento se acercó a la muchacha el amigo del novio, quien había escuchado la conversación, y le dijo: "A mi me da igual lo que hayas hecho, siempre me has gustado y estoy dispuesto a casarme contigo".

Dinámica: "Gallos de pelea"

Esta consiste en lo siguiente: Amarre dos globos de diferente color al pie derecho de los participantes. Cuando se dé la orden, deberán reventar los globos de los demás, con los pies. Primero lo harán con ciertas reglas y después sin ellas.

Por ejemplo, en la primera etapa sólo podrán romperse los globos entre aquellos que tengan el mismo color de globo y solo una persona puede atacar a otra. En la segunda etapa (sin reglas), no importará el color, podrán reventar cualquier globo y podrán atacar dos o más adolescentes a una sola persona. Probablemente la segunda parte se volverá un caos, ¡un gran desorden!

Información complementaria

Algunas personas creen que la verdad es relativa. Dicen que cada uno ha de decidir por sí mismo, y por lo tanto, las personas pueden sostener y definir la verdad de maneras no sólo contradictorias, sino incluso enfrentadas. Por ejemplo: Para Hitler era correcto exterminar a los judíos porque quería hacer una raza "pura". Para él era correcto lo que hacía.

Sin embargo, debemos estar conscientes que sólo hay una verdad absoluta. Existen líneas de actuación éticas y morales que son independientes de su opinión personal, tiempo y lugar. Estas líneas o guías de actuar deben tener tres características:
1. Objetividad. Definidas por alguien externo; y por lo tanto, no determinadas subjetivamente.
2. Universalidad. Para todas las personas en todos los lugares, y por lo tanto, no cambian de persona a persona o de lugar en lugar.
3. Atemporalidad. No cambian de época a época ni de día a día.

La única norma de verdad que reúne estos tres requisitos, es la de Dios. Él es la fuente de toda verdad, la guía que necesitamos. ¿Por qué?
1. Porque Él es objetivo (Deuteronomio 32:4)
2. Porque Él es universal (Salmo 97:5-6; Isaías 54:5 y Salmos 103:19)
3. Porque Él es constante (Isaías 40:28; Eclesiastés 3:14; Hebreos 13:8)

Tomado de: Expediente X, Edit. CLIE; 1996, Barcelona, España.

La lección para...

Abriendo la Palabra

Para iniciar la sesión, realice la dinámica "Gallos de Pelea", que puede encontrar en la sección de recursos complementarios de esta lección.

Al final pregunte:
1. ¿Cuál fue la diferencia entre jugar con reglas y jugar sin reglas? Deje que algunos compartan sus comentarios.
2. ¿Para qué creen que existen las reglas? Compartan las respuestas y haga la transición comentando lo siguiente:

"¿Se imaginan un lugar en donde no hubiera reglas y cada quien hiciera lo que quisiera? ¡Sería un completo caos! Pero, no es necesario que nos esforcemos mucho, imaginando una situación irreal. Esta situación está más cerca de lo que creemos, y el día de hoy hablaremos de ella".

Profundizando en la Palabra

Lean el pasaje bíblico que se encuentra en Jueces 1:21-30 y comparta el punto uno de la lección "Definamos el Relativismo Moral". Para desarrollar este punto puede utilizar la hoja de actividades "La Montaña Rusa". Cuando estén trabajando en la búsqueda de las diferencias, haga la observación a los adolescentes de que, en la vida diaria, deben ser muy cuidadosos para distinguir entre lo verdadero (bueno) y lo falso (malo).

Es muy probable que para muchos adolescentes la palabra relativismo sea una novedad. Por lo tanto, ayúdeles a comprender la importancia de decidir correctamente entre lo que es bueno y lo que es malo.

Cuando haga la comparación entre lo que le sucedió al pueblo de Israel y lo que sucede en nuestros días, hágalo de la manera más práctica que pueda. Por ejemplo:

El pueblo de Israel empezó a convivir con otros pueblos y a hacer lo que ellos hacían (adorar a otros dioses). Ahora hay muchos adolescentes que han empezado a fumar o a beber porque otros adolescentes o jóvenes mayores lo hacen. Es más, los mismos medios de comunicación nos dicen que podemos hacerlo con "moderación".

Una vez que trabajaron en la hoja de actividades y compartieron las respuestas, comparta el punto dos del desarrollo de la lección.

Aplicando la Palabra

Para concluir la reunión, trabaje con los adolescentes en la memorización de Josué 24:15, y comparta el resumen de la lección.

Ayude a los adolescentes a hacer un compromiso con Dios para hacer su voluntad, a pesar de que los amigos y los medios de comunicación les digan que lo que en verdad importa es ser aceptados y sentirse "bien".

Finalice con una oración pidiendo a Dios que les ayude a que en cualquier decisión y lugar donde se encuentren, Jesús sea su modelo a seguir.

"Y si mal os parece servir a Jehová, escogeos hoy a quién sirváis; si a los dioses a quienes sirvieron vuestros padres, cuando estuvieron al otro lado del río, o a los dioses de los amorreos en cuya tierra habitáis; pero yo y mi casa serviremos a Jehová"

Josué 24:15.

RESPUESTAS

Hoja de Actividades La Montaña Rusa

10 diferencias

Caja del lado Izquierdo: al avión le falto una élice/ al soldado le falta el ojo/ el ojo del oso/ la nariz del oso/ la pata del oso/ el mango de la cuerda/ le falta una ruedita a la caja/ le falta una estrella a la caja/ le falta una ruedita a la caja/ falta la parte de arriba de la matraca.

JUECES:
El Recuento de los Daños

Otoniel	Jueces 3:5-11
Aod	Jueces 3:12-15
Débora	Jueces 4:1-9
Gedeón	Jueces 6:1 y 6:11-14
Jefté	Jueces 10:6-9 y 11:1
Sansón	Jueces 13:1-5 y 13:24

La lección para...

Abriendo la Palabra

Inicie la sesión con la ilustración "El Pago Equivocado" que puede encontrar en la sección de recursos complementarios de esta lección.

Interacción con el grupo:
1. Evalúen de mejor a peor las reacciones de los personajes.
2. ¿Cuáles fueron las razones que han determinado ese orden?
3. ¿Cuáles fueron los motivos que impulsaron a tomar las decisiones a los personajes de esta ilustración?

NOTA: Probablemente esta parate de la sesión les ocupe la mayor parte del tiempo de la reunión.

Haga la transición a la siguiente etapa de la sesión haciendo el siguiente comentario: "Un asunto que ha mantenido ocupada y en constante conflicto a la sociedad es distinguir entre lo que es bueno y lo que es malo. Esto se debe a que tomamos decisiones de acuerdo a lo que los demás dicen, no considerando una medida absoluta. Veamos que nos dice la palabra de Dios, (la verdad absoluta), al respecto".

Profundizando en la Palabra

Invite a los jóvenes a leer Jueces 1:21-30. Posteriormente, comparta ambos puntos del desarrollo de la lección.

Para exponer el punto dos puede utilizar la información complementaria que puede encontrar en la sección de recuros complementarios de esta lección.

"Y si mal os parece servir escogeos hoy a quién sirváis; si a los dioses a quienes sirvieron vuestros padres, cuando estuvieron al otro lado del río, o a los dioses de los amorreos en cuya tierra habitáis; pero yo y mi casa serviremos a Jehová"

Josué 24:15.

Aplicando la Palabra

Antes de concluir la sesión memoricen Josué 24:15, y comparta el resumen de la lección.

Para reforzar lo aprendido trabajen rápidamente en la hoja de Actividades, "¿Cuál es el Original?". Mencionen varias áreas de la vida del joven (sexualidad, trabajo, escuela, amigos, etc.). Haga una lista en la pizarra y compartan sus comentarios.

Finalmente, invite a los jóvenes a orar a Dios y pedirle que siempre, en todas las decisiones que tomen, consideren que Jesús es el modelo a seguir.

La lección para...

Abriendo la Palabra

Inicie la sesión con el siguiente comentario:

"Estoy seguro(a) que han escuchado frases como: ¡Qué desorden! ¡Esto es un caos! ¡Estamos ante una crisis de valores! ¡Cuánta violencia e inseguridad! ¡Qué degeneración!". Pero estas son frases que han existido desde hace mucho tiempo; son tan antiguas como la misma palabra "maldad".

"Esto me hace pensar en qué será lo más malo que podamos hacer".

Pida que hagan una lista de todo lo que consideran que es malo, y ordénenlo por jerarquía. Es decir, lo más malo será el número uno de la lista. Inicie la lista con alguna acción como matar. Una vez que hayan hecho la lista, pregunte: ¿Cómo determinamos lo que es bueno o lo que es malo? Compartan las respuestas pero sin llegar a una conclusión.

Haga la transición a la siguiente etapa de la sesión haciendo referencia al propósito de esta lección.

MEMORICE

"Y si mal os parece servir a Jehová, escogeos hoy a sirváis; si a los dioses a quienes sirvieron vuestros padres, cuando estuvieron al otro lado del río, los dioses de los en cuya tierra habitáis; pero yo y mi casa serviremos a Jehová" Josué 24:15.

Profundizando en la Palabra

Invite a los jóvenes a leer Jueces 1:21-30. Pida a los hombres que lean el primer versículo y a las mujeres que lean el siguiente, y así sucesivamente.

Luego, comparta el punto uno del desarrollo de la lección. Para desarrollar este punto puede utilizar la hoja de actividades "Un Vistazo a los Jueces". Cuando estén trabajando en la búsqueda de las diferencias de los dibujos, haga la observación a los jóvenes de que, en la vida diaria, deben ser muy cuidadosos para distinguir entre lo verdadero (bueno) y lo falso (malo).

Una vez que trabajaron en la hoja de actividades y compartieron las respuestas, comparta el punto dos.

Aplicando la Palabra

Antes de concluir la sesión lean juntos Josué 24:1-5 y memoricen el verso 15. Ayúdeles a comprender la seriedad del compromiso que hizo Josué y comparta el resumen de la lección.

Para reforzar todo lo aprendido, pida a los jóvenes que mencionen algunas situaciones en las que el relativismo moral se puede presentar. Por ejemplo: En muchos países es muy común que para obtener una licencia de conducir o para realizar algún trámite, pidan dinero para "agilizarlo". También es "normal" que los agentes de tránsito pidan dinero para no multar a un infractor. ¿Qué debemos hacer como cristianos ante una situación similar y por qué?

Mencionen varias áreas de la vida del joven en la que la sociedad tenga una práctica distinta a lo que Dios quiere (sexualidad, trabajo, escuela, amigos, etc.). Haga una lista en la pizarra y pida que compartan sus comentarios.

Finalice con una oración pidiendo a Dios que les ayude a que en cualquier decisión y lugar donde se encuentren, Jesús sea su modelo a seguir.

HOJA DE ACTIVIDADES

La Montaña Rusa

Encuentra las **10** diferencias que hay en estos dibujos.

JUECES: El Recuento de los Daños

"Y SI MAL OS PARECE SERVIR A JEHOVÁ, ESCOGEOS HOY A QUIÉN SIRVÁIS; SI A LOS DIOSES A QUIENES SIRVIERON VUESTROS PADRES, CUANDO ESTUVIERON AL OTRO LADO DEL RÍO, O A LOS DIOSES DE LOS AMORREOS EN CUYA TIERRA HABITÁIS; PERO YO Y MI CASA SERVIREMOS A JEHOVÁ"

Josué 24:15.

Lee con detenimiento los pasajes bíblicos que se presentan a continuación y relaciona las citas bíblicas con el juez que corresponda.

Sansón	Jueces 3:5-11
Débora	Jueces 3:12-15
Jefté	Jueces 4:1-9
Otoniel	Jueces 6:1 y 6:11-14
Aod	Jueces 10:6-9 y 11:1
Gedeón	Jueces 13:1-5 y 13:24

HOJA DE ACTIVIDADES

¿Cuál es el Original?

Haz una lista de aquellas actitudes o conductas que socialmente son aceptables o "normales", pero que a la luz de la palabra de Dios no son correctas.

"Socialmente practicado"	¿Por qué no son correctas?
Soborno	

"Y SI MAL OS PARECE SERVIR A JEHOVÁ, ESCOGEOS HOY A QUIÉN SIRVÁIS; SI A LOS DIOSES A QUIENES SIRVIERON VUESTROS PADRES, CUANDO ESTUVIERON AL OTRO LADO DEL RÍO, O A LOS DIOSES DE LOS AMORREOS EN CUYA TIERRA HABITÁIS; PERO YO Y MI CASA SERVIREMOS A JEHOVÁ"

JOSUE 24:15.

HOJA DE ACTIVIDADES

Un Vistazo a los Jueces

Encuentra las **10** diferencias que hay en estos dibujos

JUECES: El Recuento de los Daños.

Lee con detenimiento los pasajes bíblicos que se presentan a continuación y completa el siguiente cuadro:

Pasaje Bíblico	Juez	Enemigo de Israel	Resultado
Jueces 3:5-11	Otoniel	Mesopotamia (Siria)	Dios usó a Otoniel para liberar a Israel y tuvieron paz durante 40 años.
Jueces 3:12-15			
Jueces 4:1-9			
Jueces 6:1 y 6:11-14			
Jueces 10:6 y 12:15			
Jueces 13:1 y 16:31			

"Y si mal os parece servir a Jehová, escogeos hoy a quién sirváis; si a los dioses a quienes sirvieron vuestros padres, cuando estuvieron al otro lado del río, o a los dioses de los amorreos en cuya tierra habitáis; pero yo y mi casa serviremos a Jehová"

Josué 24:15.

La ruta del discipulado

na de las características del discípulo de Cristo es que se multiplica, es decir, que también es un discipulador. Esto significa que al mismo tiempo que va caminando en la vida cristiana, va guiando a otros en el camino. Y como en todo viaje, es importante reconocer cuánto hemos avanzando. En este sentido, en el discipulado hay muchos elementos que son fáciles de medir, sin embargo también nos encontraremos con otros que no son tan fáciles de hacerlo. Precisamente, pensando en la necesidad de hacerle saber a los adolescentes y jóvenes que han avanzado en la ruta del discipulado, en la página 117 incluimos un certificado que hemos llamado "Reconocimiento de

Participación". Fotocopie esta página y entréguela a aquellos adolescentes y jóvenes que hayan recibido y cumplido con las actividades que se describen en cada una de las trece lecciones. Para entregar este "certificado" busque un momento donde la Iglesia toda pueda celebrar el logro de sus adolescentes y jóvenes. Puede ser durante un culto dominical, en una actividad especial, etc. Prepare muy bien el momento, haga que el pastor dirija unas palabras especiales y -si es posible- hasta un sermón alusivo. Si alguno de los familiares de los adolescentes y jóvenes no son cristianos puede ser una buena oportunidad para invitarlos. No deje pasar esta ocasión para darle gracias a Dios por la vida de cada uno de los adolescentes y jóvenes y motivarlos a continuar su crecimiento espiritual.

En el caso de que utilice esta revista para trabajar con grupos pequeños o escuela dominical, y algún adolescente o joven no haya asistido a alguna de las reuniones; busque alternativas para que pueda recibir la o las lecciónes

faltantes. Para ello, visítelo en su casa o invítelo a la suya, pídale a otro joven que le comparta la lección, organice una reunión extraordinaria, etc.

Al final de la revista (pág. 118), se incluye un "Diario del Discipulador", con el propósito de ayudarle a controlar la asistencia de sus discipulos. Fotocopie la página y escriba en ella el nombre de quienes integran su grupo, los datos personales de cada uno de ellos y las lecciones que van recibiendo. En la última columna puede hacer anotaciones de sus propias observaciones que va teniendo, situaciones personales que exponen o peticiones de oración que le comparten.

Le aconsejo que cada día de la semana dedique un tiempo especial para preparar la lección (25 minutos aproximadamente).

Recuerde que "su" semana tiene 7 días y comienza al día siguiente del que tiene la reunión con sus discípulos. Puede hacerlo en cualquier momento del día y puede seguir los siguientes pasos:

1 **Todos los días** ore a Dios pidiéndole sabiduría. Ore también por cada uno de sus discípulos. El Diario del Discipulador puede ser una buena ayuda para este tiempo.

2 Durante los **primeros dos días** de la semana, estudie los pasajes bíblicos citados y lea el contenido de la lección, familiarícese con ella. Si tiene otros recursos disponibles como diccionarios o comentarios bíblicos haga uso de ellos.

3 **El tercer día** de la semana, lea los pasajes bíblicos citados y trabaje en la etapa, "Abriendo la Palabra". Comience a preparar los materiales que utilizará. Si tiene alguna mejor idea para iniciar la lección, escríbala y úsela. Este también es un buen tiempo para hablar por teléfono a sus discípulos o planear para los próximos días una visita a alguno de ellos. ¡No olvide saludar a los que cumplen años!

4 **El cuarto día** de la semana, lea los pasajes bíblicos y trabaje con la etapa, "Profundizando en la Palabra". Resuelva los ejercicios de las hojas de actividades y vea qué tan aplicables son para el grupo que está discipulando. Fotocopie las hojas de actividades que usará con el grupo.

5 **El quinto día** de la semana, lea los pasajes bíblicos y trabaje en la última etapa de la lección, "Aplicando la Palabra". Una vez más, le recuerdo que sea flexible, si considera necesario, adapte las actividades y proyectos de trabajo a su grupo particular.

6 **El sexto día** de la semana, haga un repaso de toda la lección. Es el momento para completar los últimos detalles de los materiales y recursos que utilizará.

El séptimo día. Dispóngase a compartir lo que Dios le ha hablado a su vida (no está por demás que lea, una vez más, los pasajes de estudio). Llegue temprano al lugar en donde dará la lección para hacer los arreglos necesarios y recibir a sus discípulos.

7 **Un último consejo.** Es importante reconocer que el discipulado es más que programas, lecciones o predicaciones. Desde luego estos, son recursos necesarios, pero no serán efectivos si no van acompañados de un ministerio relacional y un modelo de vida. El discipulador debe **vivir la Palabra de Dios**. ¡Ese es el llamado para los discípulos de Cristo!

Reconocimiento
de Participación

_____
Nombre del alumno

Ha participado fielmente y cumplido satisfactoriamente las actividades de las lecciones de la Revista Jóvenes de Discipulado No. I

Dado en: _____

| Lugar | día | mes | año |

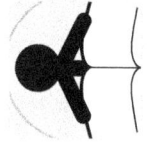

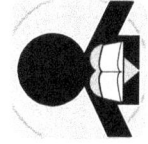

_____
Firma del Pastor

_____
Firma del Maestro

Diario del Discipulador

Jóvenes

#	Nombre	Dirección	Teléfono	Fecha de nacimiento	Lecciones 1 2 3 4 5 6 7 8 9 10 11 12 13	Observaciones
1				/ /		
2				/ /		
3				/ /		
4				/ /		
5				/ /		
6				/ /		
7				/ /		
8				/ /		
9				/ /		
10				/ /		

www.ingramcontent.com/pod-product-compliance
Lightning Source LLC
Chambersburg PA
CBHW081148040426
42445CB00015B/1804